中华现代学术名著丛书

监 狱 学

孙 雄 编著

2011年·北京

图书在版编目(CIP)数据

监狱学/孙雄编著. —北京:商务印书馆,2011
(中华现代学术名著丛书)
ISBN 978-7-100-08419-2

Ⅰ.①监… Ⅱ.①孙… Ⅲ.①监狱学-概论
Ⅳ.①D916.7

中国版本图书馆 CIP 数据核字(2011)第 122005 号

所有权利保留。
未经许可,不得以任何方式使用。

本书据商务印书馆 1936 年版排印

中华现代学术名著丛书

监 狱 学

孙 雄 编著

商 务 印 书 馆 出 版
(北京王府井大街36号 邮政编码 100710)
商 务 印 书 馆 发 行
北京瑞古冠中印刷厂印刷
ISBN 978-7-100-08419-2

2011年9月第1版　　开本 880×1240　1/32
2011年9月北京第1次印刷　印张 10　插页 1
定价:29.00 元

孙 雄

(1895—1939)

監獄學

孫雄編著

商務印書館發行

出版说明

百年前,张之洞尝劝学曰:"世运之明晦,人才之盛衰,其表在政,其里在学。"是时,国势颓危,列强环伺,传统频遭质疑,西学新知亟亟而入。一时间,中西学并立,文史哲分家,经济、政治、社会等新学科勃兴,令国人乱花迷眼。然而,淆乱之中,自有元气淋漓之象。中华现代学术之转型正是完成于这一混沌时期,于切磋琢磨、交锋碰撞中不断前行,涌现了一大批学术名家与经典之作。而学术与思想之新变,亦带动了社会各领域的全面转型,为中华复兴奠定了坚实基础。

时至今日,中华现代学术已走过百余年,其间百家林立、论辩蜂起,沉浮消长瞬息万变,情势之复杂自不待言。温故而知新,述往事而思来者。"中华现代学术名著丛书"之编纂,其意正在于此,冀辨章学术,考镜源流,收纳各学科学派名家名作,以展现中华传统文化之新变,探求中华现代学术之根基。

"中华现代学术名著丛书"收录上自晚清下至20世纪80年代末中国大陆及港澳台地区、海外华人学者的原创学术名著(包括外文著作),以人文社会科学为主体兼及其他,涵盖文学、历史、哲学、政治、经济、法律和社会学等众多学科。

出版说明

出版"中华现代学术名著丛书",为本馆一大夙愿。自1897年始创起,本馆以"昌明教育,开启民智"为己任,有幸首刊了中华现代学术史上诸多开山之著、扛鼎之作;于中华现代学术之建立与变迁而言,既为参与者,也是见证者。作为对前人出版成绩与文化理念的承续,本馆倾力谋划,经学界通人擘画,并得国家出版基金支持,终以此丛书呈现于读者面前。唯望无论多少年,皆能傲立于书架,并希冀其能与"汉译世界学术名著丛书"共相辉映。如此宏愿,难免汲深绠短之忧,诚盼专家学者和广大读者共襄助之。

商务印书馆编辑部

2010 年 12 月

凡 例

一、"中华现代学术名著丛书"收录晚清以迄20世纪80年代末,为中华学人所著,成就斐然、泽被学林之学术著作。入选著作以名著为主,酌量选录名篇合集。

二、入选著作内容、编次一仍其旧,唯各书卷首冠以作者照片、手迹等。卷末附作者学术年表和题解文章,诚邀专家学者撰写而成,意在介绍作者学术成就,著作成书背景、学术价值及版本流变等情况。

三、入选著作率以原刊或作者修订、校阅本为底本,参校他本,正其讹误。前人引书,时有省略更改,倘不失原意,则不以原书文字改动引文;如确需校改,则出脚注说明版本依据,以"编者注"或"校者注"形式说明。

四、作者自有其文字风格,各时代均有其语言习惯,故不按现行用法、写法及表现手法改动原文;原书专名(人名、地名、术语)及译名与今不统一者,亦不作改动。如确系作者笔误、排印舛误、数据计算与外文拼写错误等,则予径改。

五、原书为直(横)排繁体者,除个别特殊情况,均改作横排简体。其中原书无标点或仅有简单断句者,一律改为新式标点，专名号从略。

六、除特殊情况外，原书篇后注移作脚注，双行夹注改为单行夹注。文献著录则从其原貌，稍加统一。

七、原书因年代久远而字迹模糊或纸页残缺者，据所缺字数用"□"表示；字数难以确定者，则用"（下缺）"表示。

目　次

编辑大意 ······································· 孙　雄 1

第一编　监狱学与监狱

第一章　总论 ································· 5
第一节　监狱学之概念 ······················ 5
第二节　研究监狱学之目的 ·················· 6
第三节　监狱之性质 ························ 7
第四节　监狱在刑事制度所居之地位 ·········· 8
第五节　近世监狱之意义 ···················· 10
第六节　监狱学与各种科学之关系 ············ 12

第二章　监狱之沿革 ··························· 17
第一节　古代 ······························ 17
第二节　中古 ······························ 19
第三节　近古 ······························ 20

第三章　各国狱制改良经过及其现状 ············· 25
第一节　美国 ······························ 25
第二节　英国 ······························ 27
第三节　法国 ······························ 30
　　甲　中央管理机关 ······················ 32

  乙　监狱分区办法 …………………………………… 33
  丙　狱区经济管理 …………………………………… 36
  丁　监狱出纳管理 …………………………………… 37
 第四节　苏俄 …………………………………………… 38
  甲　刑法之概念及其立法原则 ……………………… 38
  乙　刑罚之目的 ……………………………………… 39
  丙　刑罚机关（即监狱）之种类 …………………… 40
  丁　处遇方法 ………………………………………… 41
  戊　监督及行政 ……………………………………… 42
  己　少年犯罪之劳工区域 …………………………… 43
  庚　结论 ……………………………………………… 43
 第五节　德国 …………………………………………… 44
 第六节　比利时 ………………………………………… 48
 第七节　丹麦 …………………………………………… 53
 第八节　捷克斯拉夫 …………………………………… 55
  甲　监狱之种类 ……………………………………… 55
  乙　监狱官之任用 …………………………………… 56
  丙　人犯之动作 ……………………………………… 57
  丁　人犯惩戒 ………………………………………… 57
  戊　申诉程序 ………………………………………… 58
  己　给养情形 ………………………………………… 59
  庚　作业状况 ………………………………………… 59
  辛　教诲教育之设施 ………………………………… 60
 第九节　荷兰 …………………………………………… 61
 第十节　日本 …………………………………………… 62

第四章　我国狱制沿革及改良情形 …………………… 65

第一节　狱制沿革 ……………………………………… 65

第一款　夏商周时代 ………………………………… 65
第二款　秦汉至六朝时代 …………………………… 67
第三款　唐宋至清末时代 …………………………… 69

第二节　改良情形 ……………………………………… 71

第一款　清末时期 …………………………………… 71
第二款　民国成立北京政府时期 …………………… 73
第三款　国民政府时期 ……………………………… 79

　　甲　监狱 ……………………………………………… 79
　　乙　军人监狱 ………………………………………… 83
　　丙　反省院 …………………………………………… 84
　　丁　拘留所 …………………………………………… 85
　　戊　看守所 …………………………………………… 86
　　己　管收所与收容所 ………………………………… 86

第二编　行刑制度

第一章　通论 ……………………………………………… 91

第一节　行刑制度之意义 ……………………………… 91
第二节　行刑制度之种类 ……………………………… 92

第二章　杂居制 …………………………………………… 93

第一节　混同杂居制 …………………………………… 93
第二节　分类杂居制 …………………………………… 93

第三章　分房制 …………………………………………… 95

第一节　分房制之意义 ………………………………… 95

第二节　分房制之派别及其利弊 ………………………… 95
　　第三节　采用分房制之各国 ……………………………… 96

第四章　阶级制 …………………………………………………… 98
　　第一节　通论 ……………………………………………… 98
　　第二节　爱尔兰制 ………………………………………… 103
　　　　一　爱尔兰阶级制 …………………………………… 103
　　　　二　爱尔兰过渡制 …………………………………… 105
　　第三节　丰多摩采点制 …………………………………… 107
　　　　甲　处遇规程 ………………………………………… 108
　　　　乙　施行手段 ………………………………………… 115
　　　　丙　不适用阶级处遇规程之受刑者的处遇 ………… 126
　　　　丁　独居监受刑者处遇概要 ………………………… 127
　　第四节　江苏上海第二特区监狱在监人分班行状考核
　　　　　　办法 ……………………………………………… 129

第五章　假释制 …………………………………………………… 138
　　第一节　假释制之定义 …………………………………… 138
　　第二节　假释制之渊源 …………………………………… 139
　　第三节　假释制之在我国 ………………………………… 140
　　第四节　结论 ……………………………………………… 142

第六章　自治制 …………………………………………………… 144
　　第一节　自治制之意义 …………………………………… 144
　　第二节　自治制施行之经过 ……………………………… 145
　　第三节　自治制之组织及权限 …………………………… 145
　　第四节　结论 ……………………………………………… 146

第三编　感化教育

第一章　概论 ………………………………………… 149
第一节　感化教育之意义及其范围 ………………… 149
第二节　感化院与少年监 …………………………… 150

第二章　感化教育史 ………………………………… 152
第一节　各国感化教育之略史 ……………………… 152
第二节　我国感化教育之起源及其现状 …………… 156

第三章　感化教育之实施制度及处遇规程 ………… 158
第一节　感化教育之实施制度 ……………………… 158
第一款　家庭感化 ………………………………… 158
第二款　集合感化 ………………………………… 159
第二节　感化教育之处遇规程 ……………………… 162
一　欧本矫正院 …………………………………… 162
二　哀尔迈拉感化院 ……………………………… 164
三　山东少年监 …………………………………… 168

第四章　感化教育之各国最近立法 ………………… 174
第一节　波兰 ………………………………………… 174
第二节　意大利 ……………………………………… 175
第三节　日本 ………………………………………… 176
第四节　瑞士 ………………………………………… 177
第五节　挪威 ………………………………………… 178
第六节　我国 ………………………………………… 179
甲　暂行新刑律 …………………………………… 179
乙　旧刑法 ………………………………………… 179

丙　刑法 ································· 179

第四编　出狱人保护事业

第一章　概论 ································· 183
　第一节　出狱人保护事业之性质 ················· 183
　第二节　出狱人保护事业之起源 ················· 184
　第三节　出狱人保护事业与刑罚 ················· 184
　第四节　出狱人保护事业之设施方法 ············· 185
　第五节　出狱人保护事业之先决条件 ············· 186

第二章　日本及我国之出狱人保护事业 ··········· 187
　第一节　日本之出狱人保护事业 ················· 187
　第二节　出狱人保护事业之于我国 ··············· 188

第五编　监狱构造

第一章　通论 ································· 193
　第一节　概则 ································· 193
　第二节　建筑物之种类 ························· 194
　第三节　规模 ································· 194
　第四节　位置 ································· 195
　第五节　地势 ································· 196
　第六节　地质 ································· 196
　第七节　地形 ································· 196
　第八节　地域 ································· 197
　第九节　围墙 ································· 197
　第十节　监舍形式 ····························· 201

第十一节　监房 ·· 202

　　第十二节　附属建筑物 ······································ 203

　　第十三节　看守所 ·· 205

　　第十四节　女监 ··· 206

　　第十五节　感化院 ·· 206

第二章　光线式监狱构造法 ·· 207

　　第一节　图式 ·· 207

　　第二节　图式说明 ·· 213

　　第三节　建筑说明 ·· 215

第三章　监狱构造之经济研究 ····································· 219

　　第一节　欧制监狱构造标准研究 ·························· 219

　　第二节　我国监狱构造标准研究 ·························· 222

　　第三节　两制构造之比较 ··································· 226

第六编　万国监狱会议

第一章　第一期会议 ·· 231

　　第一节　佛兰克孚尔特会议 ································ 231

　　第二节　伯鲁塞尔会议 ······································ 232

　　第三节　佛兰克孚尔特会议 ································ 233

第二章　第二期会议 ·· 234

　　第一节　伦敦会议 ·· 234

　　第二节　斯特克孚尔姆会议 ································ 243

　　第三节　罗马会议 ·· 244

　　第四节　圣彼得堡会议 ······································ 245

　　第五节　巴黎会议 ·· 245

xi

目次

  第六节 伯鲁塞尔会议 …………………………………… 246
  第七节 伯达拍斯特会议 ………………………………… 246
  第八节 华盛顿会议 ……………………………………… 247
    甲 改良刑法 …………………………………… 248
    乙 改良监狱 …………………………………… 250
    丙 预防犯罪 …………………………………… 251
    丁 保护童稚 …………………………………… 254
  第九节 伦敦会议 ………………………………………… 257
    第一部 立法 ………………………………… 257
    第二部 管理 ………………………………… 260
    第三部 预防 ………………………………… 261
  第十节 勃拉克会议 ……………………………………… 264
  第十一节 柏林会议 ……………………………………… 273
    第一 立法 …………………………………… 273
    第二 行政 …………………………………… 274
    第三 豫防 …………………………………… 276
    第四 少年 …………………………………… 278
新旧译名对照表 ……………………………………………… 280
本书引用及参考材料 ………………………………………… 286

孙雄先生学术年表 …………………………………………… 288
孙雄的监狱学贡献 ……………………………………… 郭　明 291
编后记 ………………………………………………………… 301

附图表目录

北京政府设立各省新监狱分监一览表(1925年) …………… 75
设立各省监狱暨分监一览表国民政府成立迄民国
  二十四年(1935年)度止 …………………………………… 81
军人监狱一览表 ……………………………………………… 83
分房制国家 …………………………………………………… 96
采用阶级制监狱较著国家一览表 …………………………… 100
囚人分类、分期处遇表 ……………………………………… 112
以时间为科程之作业 ………………………………………… 117
特别调查表 …………………………………………………… 117
入监时感想录 ………………………………………………… 119
进级感想录 …………………………………………………… 119
出狱时感想录 ………………………………………………… 120
独居监巡视表 ………………………………………………… 120
采点票 ………………………………………………………… 121
甲得点录 ……………………………………………………… 125
乙得点录 ……………………………………………………… 125
行状采点簿 …………………………………………………… 126
在监人班级待遇表 …………………………………………… 131
行状按日记分表 ……………………………………………… 134
作业按日记分表 ……………………………………………… 135
教诲按日记分表 ……………………………………………… 136
教育按日记分表 ……………………………………………… 137
第一图 十字式 ……………………………………………… 198

目　次

第二图　双扇面式 ·· 199
第三图　光线式 ·· 200
监狱总图 ·· 208
监狱大门图 ·· 209
事务楼正面图 ·· 209
监房、夜分房、昼夜分房、杂居监房图 ································ 210
工厂正面图 ·· 210
炊场、洗衣室、浴室图 ·· 211
病监正面图 ·· 211
炊场、工场梁架,监房铁门、窗外铁栏,大门、窗户图 ················ 212

编辑大意

自培卡利阿(Beccaria)主废死刑等说,倡行以来,自由刑在刑罚史上,占重要之一页。自约翰·哈华尔德(John Howard)倡改良监狱之议以来,狱制在刑事制度上居主要之地位。对于现代各国监狱制度及其改良沿革,实不可不有相当之认识,欲得相当认识,自不得不研究监狱学,此是书编辑之动机一也。

学者称监狱为小社会,社会中形形色色,狱中莫不具备,其繁杂可知,故处理狱务,当非专才所能胜任,我国监狱改良,尚在萌芽,自应多设监狱专校,以为陶养人才之所,但目前全国此项学校,竟付阙如,致感才难之叹,我司法行政部,有鉴及此,三年前,乃有咨请教育部转令全国法学院,一律添设监狱学科之举,足见其需要之殷,此是书编辑之动机二也。

本书除第一编,分监狱学通论,监狱沿革,各国及我国狱制沿革,及其改良经过等章,并以行刑制度为感化主义之实施方法,感化教育,为防遏少年犯罪之最新工具,出狱人保护事业,为救助再犯之一种有效组织。监狱构造,为监狱改良之根本问题。均于改进狱制,减少犯罪,关系重大,故皆辑为专编,以资研究,又万国监狱会议,为国际讨论改良监狱学术权威最高之机关。又为刑事社会最新学派之代表者。特将历次议案编入,以备参考。

考一般监狱学讲义或监狱学,大都有刑罚及犯罪者两项之编入,所以分别叙述刑罚种类、性质,及犯罪原因等,鄙意关于刑罚问题,已有专门研究之刑法学,犯罪问题,自龙波洛棱(Lombroso)、斐利(Ferri)等以后,犯罪学早成为专门科学,且各法学院,均经列为必修科目,故本书从缺,以免重叠。

  编者服务狱界,虽历年所,而于监狱学理,素鲜门径,年来谬承上海震旦、东吴、法政等大学前后聘任为监狱学教授,苦无蓝本,乃赴各书肆购办监狱学书,以资借镜,不意多无以应,而应者则又陈旧,不甚适时用,只得搜罗中外各种法学书籍杂志,关于监狱问题者,参以刑事新理,并本昔日在校听讲及办事经验所得,编辑是书,随编随教,半年间积成一册,乃以付印,非敢问世,聊资讲学之便耳,惟仓猝脱稿,谬误诸多,尚祈先进硕学赐予纠正。无任欣幸。

      中华民国二十五年(1936年)五月拥谋孙雄草
      于上海司法行政部直辖第二监狱

第 一 编

监狱学与监狱

第一章 总论

第一节 监狱学之概念

　　监狱,为执行自由刑之处所。详言之,即依据法律一定之规定,而以国家权力拘束人民自由行动之公有营造物是也。夫监狱之制,始于何时,考其沿革,发达最早者,莫若我国。唐虞以前,茫昧无稽,夏商以后,历历可考。史称桀囚商汤于夏台,纣囚西伯于羑里,夏台羑里即夏商二代之狱名也。且以前尚有皋陶造狱之说,但当时虽有监狱,只视为留置犯人之所。其目的甚简单,其组织亦不备,至于成周,狱制始形发达。读《周礼·秋官·大司寇》,于监狱之设置,官吏之执掌,当知其详。乃自嬴秦以申商强国,立法专务残忍刻薄,于是周公所创造尽美尽善之狱制,遂破坏不复存在。相沿二千余年,民国以来,虽迭颁改良之令,除各省新式监狱,粗具规模外,而各县旧监,积习已久,尚难肃清,除害兴利,洵非易事也。

　　监狱学者,所以研究执行自由刑机关之原理原则,与夫组织目的运用方法之一种科学也。此种科学,前此无人注意。即照狱字字义之解释,颜师古注之曰:狱之言埆也,取坚牢之意。又狱字从二犬,取守备之意。从言,言者,讼也。为防守因讼被拘者之地。拉丁文为 Barcer,英文法文为 Prison,德文为 Yefangnin。皆由捕获或系留之意转变而来。足征监狱在古时,无论中外,不过为拘禁犯人使受痛苦之所。苟防范之,无任脱逃,目的即达,无烦深研极究,讵知监狱之为监狱,固一小型社会也。社会上形形色色,一切事情,莫不与之有密切关系。德人荷耳庭德尔夫有言:"监狱之为科学,在诸科学中,其关系范围,最为繁杂,且甚广漠。欲如各种科学,设一定之系统,立一定之标准,其困难无如斯学者"。观此数语,可知监狱学实有研究之必要。

第二节 研究监狱学之目的

大凡研究一种学问,必有其目的。吾人研究监狱学,果以何者为目的乎?兹就我国现状略论之:

世界各国平等,领事裁判权久不容于国际社会上。惟我国以司法不善,狱制不良,各国因之藉口,不肯服从于我法治之下,故八十余年前,乃有领事裁判权之订立,今欲各国撤回领事裁判权,当非改良监狱不可,此对外应注意者也。当此经济衰落,失业众多,犯罪大增之世界。犯罪问题,实为最难解决者,我国旧有道德,既趋于崩溃,西洋法治精神尚未建设,兼之内乱外患,天灾人祸,相浃而至,犯罪更有增无已,致各监所,咸有人满之患。而减少犯罪,改良监狱,成为目前紧急问题。上年全国司法会议,关于改进狱务提案,竟占全案三分之一,其重要可知,此对内应注意者也。

第三节　监狱之性质

监狱学一科,为研究社会、政治、经济、法律者最关切要之学。无论为行政官、司法官,对于监狱制度,皆应负有改良责任,第欲改良监狱,贵有改良之方法,方法维何?即在审明监狱之性质,各国改良监狱者,未有不先从此下手者也。

监狱之性质,果奚若乎?从作用上言,监狱为执行刑罚之机关,是执行刑罚,即为监狱之性质。第言监狱性质,在古今颇有不同之点,何也?因古时刑罚尚威吓,故监狱专以残酷为主旨。今日刑罚重改善,故监狱以教育感化为原则。主旨既不同,性质自有区别,试就今日监狱作用言之,即可知其性质之所在。

今日监狱之作用,其最大目的有二:一曰预防犯罪,一曰减少犯罪。预防云者,使社会一般人,皆知有此机关,心存儆惕,不敢轻而尝试也。减少云者,于犯人入狱后,除加以相当之限制外,并酌察个性,施以种种之教育,使之感化改良,出狱后不至再犯也。二者之目的达,庶国家之安宁秩序,不难维持而保全矣。

国家者,由多数人集合成立者也。第自人类繁增,社会之秩序,渐复杂而不整齐,国家之治安,渐淆乱而不统一,欲使复杂之社会,归于整齐,淆乱之国家,归于统一,不得不有法律以维持之。然国家虽有法律,究不能保无违背法律之人,于是又不得不设刑罚以限制之,孔子曰:"齐之以刑",即此意义,既设刑罚,而执行刑罚之机关,则监狱是已。

第四节　监狱在刑事制度所居之地位

时无古今,地无东西,无国不有犯罪者,有犯罪,即有裁判,有裁判,必有刑法,是刑罚裁判二机关,古已成立,非后世所创。然何以比较古今文明之程度,已迥不相同,而人民犯罪之数不减少,而反加多。其原因固极复杂,而自刑事制度方面言之,则决非刑法之不完善,裁判之不全备,实缘监狱之未改良耳。盖不良之监狱,不啻为犯罪之传播机关,所谓窃犯变为强盗,伤害变为杀人者也。故必须刑事之三种机关,联络发展,而后犯罪可期减少,第欲三种机关联络发展,殊非易事,试分析其理由而略说明之于下。

一　立法

刑事制度,以立法为先,则刑法最宜完善也,惟是制定刑法,为法律中最难之事,历观世界各国,凡所施行之刑法,其有价值者,虽属不乏,而能为一部完全无缺之刑法者,实不易得。试以各国创立刑法言之:从前德国刑法,经二十五年之久,凡八易稿,始克完成。荷兰刑法,自起草以至成立,阅五十年。日本维新,改正刑法,亦费十余年功力,始行颁布。我国刑法,自民国成立,迄今二十余年,亦已经两次之修正。于此可知创立刑法,诚为最难之事,盖不知费法学家几许脑力,耗国家几许资财,需人生几许岁月,始克成一完善无缺之刑法也。

二　司法

不独立法难,即司法亦难,司法云者,谓依法律以治人,视所犯何罪,即司何法,自表面观之,似觉易易,讵知其中,固有甚难焉者。

试以窃盗言之,夫窃盗案之审理,似至易者也,然既经第一级法院判断,常有不服而至第二级法院上诉,上诉判断不服,再至第三级法院上诉,必欲求得相当之裁判而后已,夫以如此至易之事,尚不能一经判断,使人屈服,况其他案件,更有十百重大于此者,其裁判之难,更可想见。故凡为裁判官者,苟非法学专学,洞悉法律原理,贯彻法律精神,莫能胜裁判之任,所以各国登用法官,概以试验为标准,初次试验及第,犹不能遽任裁判官,只作为学习,俟其于法院经验若干年,再加覆试,始得补官,既补官后,则终身任之,此非但慎重已也,实以难得其人耳。

三 行刑

由前二项言之,立法司法二机关,其困难如此,其重要可知。然而监狱一项,比诸立法司法,尤关重要,则监狱之组织,早当尽善尽美,何以时至今日,狱制犹未臻圆满,推其原因,实由昔时法学家,不审本末,往往偏重立法司法,而于最关重要之监狱,反漠然置之,视为无足轻重,再就形式与实质上言,立法司法为形式上之机关,监狱则为实质上机关,实质与形式较,实质重而形式轻,苟监狱完善,即令立法司法,稍有不善,尚有补救之所,若监狱不良,虽立法司法俱极良善,而犯罪必仍滋多。昔德国法学名家荷耳庭德尔夫有言曰:"刑法裁判,不过形式耳,必由行刑,而始见实质的活动"。观此可知行刑机关,较立法司法二机关,尤为重要已。

行刑机关,何以尤为重要?试更就法家名言证之,当一八二五年,荷兰政府,将改订刑法,命法学家樊登特克氏起草,氏应之曰:"政府之命,本不敢辞,但欲改良刑法,非先改良监狱不可,狱制不良,虽刑法改良,亦将无所适用",政府深然其说,遂热心改良狱制,不逾二年,全国监狱,已渐改革,于是樊登特克氏,于一八二七年起稿,至一八八一年告成。迄今欧洲各国,论刑事制度之完善者,尚以荷兰为首屈一指,其国中犯罪之减少率,视各国为最速,此实三种机关联络发达有以致之。法人义佐氏亦有言曰:"欲知其国文明之程度,视其狱制之良否,可决也"。义佐氏之意,盖谓狱制苟良,国必文明,狱制不良,虽其国表面可观,而内里必不文明,合观二氏之说,可知行刑机关较立法裁判,尤为重要。

第五节　近世监狱之意义

监狱既为刑罚执行机关,而近世刑罚,系以改善为主旨,则监狱之意义,自与古代不同,兹分析述之如次:

一　限制自由

犯罪乃滥用一己之自由,而侵害他人之自由之一种结果,故制裁犯罪者,即本法律规定,拘束犯人于一定建筑物之范围内,限制其居处、行动、言论、交结,及其他一切之自由,使一般人知国法不可轻犯,而有所儆戒也。

二　隔离社会

凡犯罪者,多具有恶性,若任其混杂于一般社会群众中,每有侵害他人之法益或恶化他人之虞。故置之狱中,使与社会暂时隔离,如医生对于患传染病者,令其住隔离病院,以防传染他人之意义相同也。

三　化除恶性

监狱之于犯罪者,既如医院之于病人,而医院之于病人,重在诊治病根,恢复康健,监狱之于犯人,重在化除恶性,回复良善,或以教诲培植其道德,或以教育增进其知识。

四　鼓励自新

近世各国监狱处遇犯人方法,多采累进制,将犯人分为数级,在监内经过相当时期,视行为优良,则晋升一级,依次升至最高之级,即可予以假释,盖行为愈优良,则级数愈高,级数愈高,则取得自由与责任之希望愈多,所以鼓励其自动向前进展,实为感化教育之良法也。

五　增进健康

精神身体不健全,为犯罪之重要原因,故监狱之于犯人,不仅不得有害其健康,且对于犯人之给养、医药、清洁、日光、空气,以及运动机会,作息时间,与其他有关卫生一切事项,莫不有法令之规定,尽欲养成其健全身体与健全精神,使出狱后成为健全国民也。

六　授与职业

犯罪者多为无业怠惰之辈,故法律有劳役之规定,在执行期内,必授与相当职业,养成生活技能,勤劳习惯,庶出狱后,不致再犯也。

七　增加生产

论者谓国家多一囚犯,即国家少一生产分子,同时多一坐食之人,孰知今日监狱之目的,多一犯人,即国家多一生产分子,犯人在狱内,必令习艺,前已言之,而习艺须酌给赏金(有称为工资),此项赏金,规定不许支用,日积月累,集成巨款,在狱中可为家属生活之扶助,出狱后可为从事营业之资金,且作业盈余,尚可增加国库收入。

八　启发爱国心

吾国昔时刑罚重威吓,监狱尚残酷,致有"画地为牢,势不可入"之语,狱中惨状,早已深印一般人之脑海中,而在今日则犯罪入狱,不仅身体绝无痛苦之可言,且足衣足食,有医有药,有教诲师为之恳切开导,有官长随时加以慰问,监狱之于犯人,几如家庭之于子弟,斗室独居,清夜自思,觉得我昔时之犯罪,妨害国家社会良多,我实负人,而今日国家社会,不仅不仇视我,且岁糜巨款,养我教我,待我如斯之厚,人非木石,爱国之心,自不禁油然而生矣。

九 善后保障

监狱之于犯罪者,以权限论,本始于执行开始,止于刑期终了。但监狱对于期满出狱之人,如无旅费,仍资助之,以免流落,在抱病中者,如无力医治,仍为之送入医院,以免危险,且有出狱人保护会之组织,其任务专为出狱人谋福利,或代为介绍职业,或贷与营业资本,或设有工场收容,使原为社会不齿之人,因而得相当保障矣。使素鲜亲近提携之人,因而有充分帮助。

第六节 监狱学与各种科学之关系

一 历史学

欲收感化一国犯罪人之成效,须明了一国之犯罪现状,欲明了一国之犯罪现状,须先知一国之政治经济社会法制等现状,欲知一国之政治经济社会法制等现状,须先探讨历代政治之设施,经济之支配,社会之组织,法制之变迁等情形。而后能得正确之结果,以过去之事实,作现在之体察,均唯历史是赖。故研究监狱学者,不可不注意于历史学。

二 地理学

孔子云:"智者乐水,仁者乐山"。盖山水足以见仁见智也,瓦德氏谓:"吾人日常生活行为,被环境条件所支配,一为风土气候等之外的条件,一为都市田园等之地方条件"。莫尔色尼氏谓:"在欧洲发生自杀事件最多之时,为温暖之季节"。又观近代刑事统计报告:山居之人,多犯斗殴凶杀之罪,水滨之人,多犯欺罔恐吓之罪,又春夏多身体犯,秋冬则多财产犯。可见地域之高阜平原,季节之寒暖,气候之燥湿,均于吾人之心理精神与生活状态,有直接之影响。监狱感化犯罪人,首当注意其个性与犯罪原因,方能如医生之对症下药,是地理学,亦为研究监狱学所当注意者也。

三 社会学

犯罪由社会环境酝酿而成。随社会之变迁而消长,如社会教育之发达与否,俗习之纯良与否,经济之充裕与否,与夫组织之疏密,生活之高下难易,在在皆与犯罪有密切关系,故刑事社会学派,称犯罪为一种社会病态,是研究监狱学,不可不研究社会学也。

四 心理学

佛家谓一切为心所造。儒家谓一念之差,圣狂系之,足见行为受心理之支配,已无疑义,夫犯行结果也,犯意原因也,欲扑灭结果,须先消灭原因,故欲研究犯罪者之所以犯罪之精神状态,当先研究心理学。盖心理学者,为研究关于人类精神的活动科学也,是心理学,实为监狱学者所当注意者也。

五 政治学

监狱为国家以强制力拘束犯罪者之场所,即为政治设施作用一部分,故研究监狱学时,自应研究政治学之其他部分,如我国政治以三民主义为出发点,则关于监狱立法与设施等,自当以国家之政策为原则,尊重其方针,务期毋相违背而后可,况政治昌明,则社会安定,士农工商,各得其所,造乱者无所藉口,盗匪不易发生,争斗机会减少。所谓政治澄清,则囹圄空虚是也,故政治学亦为研究监狱学者所当注意者。

六　犯罪学

犯罪学者,以科学方法研究犯罪事实现象,探求一定之原理原则之谓,重在犯罪现象所起之原因,如自然环境与社会环境之客观方面原因,关于年龄、性别,与遗传等之主观方面原因。监狱为感化犯罪机关,为救治犯罪场所。所谓感化,所谓救治,自当先探明其正确原因,而后能得圆满结果。故犯罪学,亦为研究监狱学者所应当注意。

七　刑事技术学

刑事技术学者,为研究确定犯罪构成之科学也,如法医学、指纹学等是。监狱对于犯罪之确定,再犯之证明,往往发生问题,故研究监狱学者,是项科学,亦应予以相当之注意也。

八　建筑学

监狱为一种国有营造物,改良监狱,自当以改良建筑为前题。考欧美各国,在改良监狱理论未确定以前,关于监狱建筑,往往议论纷歧,莫衷一是,致使巨大之经费,常耗损于无用之地,良可惜也。况监狱为多数人聚集之所,同时又须谋相当之隔离,情形特殊,故如何方适于卫生,如何方便于管理,非对于建筑学,有深切之研究,当难得其要领。我国现在旧监建筑,多腐败不堪,新监亦有未尽善之处,当此改良监狱之际,建筑一道,更应特别注意也。

九　农工商学

受自由刑之制裁者,须科以相当之劳役,已为各国刑法一致所采之主义,若俄国监狱,或称曰劳工区域,或称曰劳动感化院,日本刑法有重惩役、轻惩役等之规定,我国刑法,定刑名曰徒刑,曰拘役,考其字义与办法,皆所以表示受刑者,须一律服劳役之意。监狱法规,本刑法立法主旨,有作业一章之规定,作业者,即系斟酌受刑者之身体、年龄、身分、职业、教育等,使之就某种职业之谓也。如此,则监狱不啻为一国营之农工商场,而管理场务人员,自必具备农工商业常识而后可,故凡关于地质之沃瘠,种籽肥料之支配,材料之购办消费,成品之制作经营,与夫场所之管理,盈亏之统计等,皆须有相当之研究,方足以应事务之需要,是监狱学与农工商学,亦有密切关系也。

十　刑罚学、刑事政策学

有共同生活之社会,而后有犯罪事实,有犯罪事实,而后有制裁犯罪之刑罚,犯罪事实,既为侵害他人法益之一种结果,而国家对于犯罪,除用他种方法外,采用强制剥夺犯罪者之自由,拘禁于一定场所之一种方法。既有犯罪,遂有犯罪之原因如何发生,结果如何消灭,及其如何减少改善之研究之犯罪学。既有刑罚,遂有刑罚之性质、种类、运用等之研究之刑罚学,既有拘禁,遂有监狱之目的、意义、组织、处遇等之研究之监狱学。刑事政策学者,系以科学方法,研究关于刑事法规之制定刑罚之运用,与夫犯罪行为之如何发生,如何防止,及关于其他刑事问题之一种科学也。以范围论,刑罚学、监狱学虽似属刑事政策学之一部分,而考其发达时期,则以刑事政策学为最后。刑事政策学、刑罚学、监狱学等三者,虽发达时期有先后,范围有大小,要皆有形影声响之连锁关系,而有并为研究之必要也。

查监狱乃社会缩影,故监狱学,对于社会之各种科学,皆包含一部分,学者称之为集合学信然,以上所举,不过其重要者。此外,如法律学、教育学、行政学、伦理学、经济学、哲学等,皆有相当关系,亦不可不留意者。

第二章 监狱之沿革

第一节 古代

谈监狱之沿革者,莫不曰狱制沿革与刑法沿革同。夫上古以前,文献无征,二者之历史,皆莫由稽考,其相同之说,果何由而生乎。则以狱制与刑法有形影表里之关系,从理想上求得之耳。是故欲知监狱沿革,不可不先知刑法沿革,试先就刑法沿革,言之于下:

古代刑法,与近今刑法不同,古代刑法之基础,由三种观念而成,曰复仇,曰除害,曰赔偿,斯三者,即刑法成立之基础也。成立之基础,既有不同,则行刑之手段,自必各异。考古代行刑手段,其名称有四,列举于下:

一　生命刑(死刑);

二　身体刑(体刑);

三　财产刑(金刑);

四　名誉刑(奴刑)。

所谓生命刑者,斩丧其人之生命耳,例如有杀人致死者,国家即夺其生命而亦置之死地是也。身体刑者,因人妨害社会,而即残害其身体,或流之远方,使不再生危害于社会是也。至因其有犯罪行为而籍没其财产以为处罚者,是曰财产刑。其因犯罪而剥夺其公权或停止之,或于有爵位者,则褫革之,是曰名誉刑。盖以破坏其名誉,作为行刑之手段,此四种行刑手段,即根据于复仇、除害、赔偿三种基础观念而生者也。必先有彼三种之观念,而后有此四种之手段,如以生命抵杀人之罪,是为复仇观念。毁伤其身体或放逐之,使不妨害社会,是为除害观念。籍没其财产,破坏其名誉二者,是为赔偿观念。顾名思义,古代行刑之手段,当可晓然矣。

至近今行刑手段于四种外,尚别有自由刑一种。何谓自由刑,即徒、流、惩、役、禁锢等刑。我国刑法之徒刑拘役是。是今之监狱,全为执行自由刑之机关,与古代行刑手段,迥不相侔。第自由刑,在古代亦非绝无,如我国、埃及、希腊、罗马诸国,皆有自由刑之观念发见于一时,特执行手段,与今不同耳。或独立于生命等刑之外,或附加于生命等刑之中,盖其时行刑目的,皆出于复仇、除害、赔偿三种观念。而以自由刑为不适用,视为无关重轻。且以房屋供给,多费资财,防检疏忽,易于逃逸,有此种种困难,不若生命等刑,简略易行,故虽发见于一时,而终归消灭,古代监狱之不发达,其原因即在于此。

欧洲开化最早之国,无如希腊罗马,罗马之文明,较希腊进步尤速,当犹斯嫡尼安帝政时代,凡一切法律制度,皆盛行于欧洲各国,今之谈法学者,犹奉之为经典,乃细考其内容,尚无监狱制度,虽对于扰法乱纪者,有受制裁之处所,亦不过暂时拘留,以待执行刑罚,并非行刑机关之组织。是所谓一时羁押之地,殆与我国前清之候审所,今日之看守所,其性质颇相类似。

第二节 中古

上古时代，刑法之观念，只有复仇、除害、赔偿三种。中古之世，于此三种之外，又有威吓，何谓威吓？国家规定严峻刑法，禁止犯罪行为，使人民皆有恐怖心，不敢犯罪是也。至其意义有二：（一）"杀一多生。"凡社会一般人，不问为何种类，苟有一犯罪者，国家即杀之无赦，盖以一人犯罪、必致为害多数人，杀一人而多数人得以安宁，即所谓"杀一多生"，亦即除暴安良之意也。（二）"惩前戒后"前之云者，已犯罪者也。后之云者，未犯罪者也，国家对于一般人，凡已犯罪者，必加严刑惩治，使受痛苦，庶几未犯罪者，皆有戒心，不致蹈其覆辙。斯二者，是为威吓主义所包含之要素，亦即威吓主义唯一之目的也。

威吓主义之二要素，又以杀一多生为主要目的，杀者即上古之死刑也。兹专就死刑更进论之，上古时代死刑只有杀之一法，自中古威吓主义出，于是死刑一项，乃有种种之方法，或以刀锯，或以鼎镬，或以炮烙，或以枪击，或车裂其肢，或脔割其体，或沉之于江河，或投之于虎狼，残忍酷虐，无所不至。夫死一也，与其痛苦而缓死，不若速死之为愈，乃当此时代，执行死刑者，偏不欲其速死，而必令其备受种种痛苦，而后死之，是刑罚之惨，莫甚于是时矣，又况执行刑罚，必在稠人广众之场所，用意固在示以威吓，垂戒将来，使社会一般人相率不敢犯罪。岂知非惟不足以禁暴止奸，反惹出种种犯罪行为，尝见有人犯强盗罪，受死刑之宣告，临决之日，观者如堵，夫彼以犯强盗罪而处死刑，则在观刑之人，似当有恐惧，不敢犯罪，孰意观者之中,复有乘间窃物之事,一面观刑,一面犯罪,英国银行接到第一张伪币之日,即英国法律定伪造纸币处死罪后之数日。刑法虽严,其如不畏何!由斯言之,死刑一项,虽有种种惨况,实不足以令犯人改悛,徒伤天地之和气而已。

且自中古以还,威吓主义出现后,又发生一种刑讯制度,刑讯者,讯问犯人罪状之时,或施以鞭箠,或加以笞杖,其唯一之目的,亦不过使犯罪者,备尝种种痛苦,不能忍受而供认之也。自名称上言,此种制度,原为审讯便利计,似与威吓无关,然就实际言,亦属威吓主义之一端,盖其时刑讯,往往就狱中行之,因是之故,中古时代监狱,可称为刑讯制度之一种机关,与今世之所谓监狱者,迥不相同。且其时监狱内部一切组织方法,无一完善之处,以言房舍,则狭隘昏黑,日光不入,空气不通或且深入土内,几同穴居,以言衣食,则粗粝不堪,寒不足以蔽体,饥不足以果腹,甚且臭秽薰蒸,不可终日。其他一切待遇,尤其无限苛刻,俨然视囚人为异物,有不以人齿之意,故当时囚系之犯,常有不待定罪,而已瘦毙狱中者,妥尼圣氏谓:印度古时监狱如兽槛,囚人如饿鬼,鲁希昂朵伊槎尼斯氏谓:埃及古时监狱,犯人多数笼居于狭隘不堪、湿气秽气相逼之室内。至于英国伦敦之塔狱,义国威尼斯之河底狱,法国纽恩堡之地下狱,皆足令人想见当时之惨状也。

第三节　近古

中古以降,文明之程度,渐次发达,人民之知识,渐次进化,目睹当时刑罚酷虐暴戾,思有以改良之。而当世之宗教家、法律家、政治家,又深知刑罚之惨,有悖于人道,违悖于治理,亦皆有改良之思想,故至是时,刑罚渐辟新路,得以改良进步,至其所以改良进步之理由,有三要端,晰言于下:

一　博爱观念

人类中不幸而有犯罪者,将哀矜之不暇,而乃不加怜恤,淫刑以惩,视人类如禽兽,使罹非常之惨痛。无论律以"民吾同胞"之语,不宜忍而出此,即律以宗教家所谓:"羊失其群,归而众羊欢悦"之意,以及"当合神意勿背人道"之旨趣,亦未免大相背戾已。人非无情,孰无侧隐慈善之心,有侧隐慈善之心,即具有博爱观念,此种观念,当上古时,尝有表见于实际者:如尧舜之博施济众,汤文之克宽克仁,何莫非博爱观念也。惜至中古,威吓主义盛行,其时虽亦有倡博爱之说者,奈其言不用,此义遂中绝耳。然人道思想,终于复兴,当时惨酷刑罚,遂一变而为宽和。

二　经济思想

国家赖经济以立,经济赖人民以生,人民者,经济之源,经济者,富国之本,国家对于人民,正宜爱惜,方足以浚财源,而强国本,乃计不出此,有犯罪之人,即从而杀戮之,或有不当杀戮者,亦必截手刖足,使成废人,不稍显恤,然杀戮有罪,究于国家社会,有何利益乎?况截手刖足,使成废人,不惟无益,且坐耗衣食,于社会经济,更为有损,国家又何必出此手段乎? 由斯言之,与其杀戮废弃有用之人,减少其生产能力,以竭经济之源,曷若不杀戮,不废弃,而剥夺其自由,使服国家劳役,以生易死,以劳偿罪,在人民可受宽刑之福,在国家亦可收劳役之利。考古时希腊罗马尝利用罪人开采矿产及疏通河川,法兰西则役为舟夫,或修治道路。我国周代以前,使刑余之人,监门监宫,曰阍人,曰阉人,秦时发遣囚徒,建筑长城,汉唐时代,亦常遣罪人戍边,或髡为城旦鬼薪,或役使舂藁冶铁。夫人生存于社会,各具有天然生产力,苟利用其生产力,使服务于国家,以发展国家之财源,则其有利益于国家社会,岂浅鲜哉! 故自经济思想发达,刑法亦因之改良。

三　时势必要

欧洲各国,当十字军远征之际,兵马倥偬,民生凋敝,浮浪之徒,到处出没,掠夺攘窃,为害甚烈,虽处以严刑(当时浮浪者科刑最重,西班牙初犯笞,再犯刖,三犯绞。法国再犯则处以追放刑),而旋扑旋起,毫无实效(历史家谓英国当时至捕绳用尽,无从购买,虽不免过甚其词,而犯人之多,亦可想见)。于是为保全社会公共之利益计,乃不得不倾向于吾国古圣贤所谓恒产恒心之说矣(盖无恒产者,无恒心,古今中外,所同欲杜绝浮浪之发生,非各与以一定之职业,且使之习于勤勉不可)。

英国于一五五〇年,设惩治场于伦敦,其后尼尔壁尔及安司特尔达等处,相继而设立者甚多,皆收容无产无业之游民,教以工作,使其养成勤勉之习惯,而复为社会之良民,几与近世游民习艺所宗旨无异,但其始不过为警察上之教养保护处所,继则并窃盗及其他刑余之人,而俱监禁之,役使之,几以此为刑罚之一种,盖当时社会,因受东方文化之润泽及耶教博爱主义之感化,不忍见严刑峻罚之惨酷,群欲以道德裁制,宗教感化为防遏犯罪之法,故至十八世纪之中叶,自由刑乃大见发达,然于此际刑事法上,尚无此项观念及具体组织,不过仅以命令权、审判权,或警察权行之而已。未几欧洲各国,因大势所趋,几无不设惩治场者,但威吓主义,入人已深,故其所谓自由刑者,亦殆与身体生命刑略等,言劳役,则惟有人力所不堪之苦工,言给养,则与以不足饱暖之衣食,卫生不讲,纪律不修,老幼同房,男女共席,狱中状况,大抵如此。即以英国当时之监狱而言,亦不分已决未决,刑事民事,疯人乞丐,孤儿游民等,皆拘禁于同一之狱舍内,甚至救国救民之志士,亦横遭逮捕,受此同一之待遇,一五七七年、一七三〇年、一七五〇年监狱三次发生疠疫,死亡之多,自不待言。民间被传染而死者亦甚众,情状之惨,盖可想见,其他若德、奥、法、意、俄罗斯、西班牙等监狱,亦大率类是。其间有足为近世改良监狱之滥觞者,则为下列之三处:

一　撒米岂尔幼年监

罗马教皇克里门斯十一世,于一七〇三年以撒米岂尔僧院之一部,改造监狱,收容二十岁以下之幼年囚犯及不良少年,实行矫正主义,夜则各别其宿室,昼则集于严整沉默之法纪下,俾共同作业,其处遇之要义,有曰须使彼等屈伏于国法之威严,而于严整纪律之下教养之,实为千古不磨之格言。

二　荷兰监狱

荷兰共和国,自脱离西班牙之羁绊,即竭力改革其内容,而于狱制,尤锐意进行,认犯罪人,实非个人之罪恶,乃社会之罪恶。社会实有矫正之任务,绝不应以杀戮为事,于是改造监狱一新,其制凡清洁规律秩序勤勉诸要件,无不具备,据约翰·哈华特氏当时之纪述,云:"荷兰国家,确信精勤,为恒心之本"。全废流刑制度,而采用矫正主义,男犯则令其劳作,女犯则使之纺织,并施以教诲使知悛改,其教诲之法,不专尚礼拜,凡足以薰陶人性克奏感化之效者,莫不用之。又以缩短刑期,为奖励迁善之法,囚人因之而悛改者不少,当举世监狱沉沦于腥风瘴雨之时期中,惟荷兰挺然杰出,足为全欧之模范焉。

三 闵梭蛰夫阿司监狱

继荷兰而起,模仿其狱制者,为比利时。以子爵威廉十四世之计划,于一七七二年,建闵梭蛰夫阿司监狱于坚德府,至七十五年落成,其制与撒米岜尔幼年监相同,囚人之类别法及管理法,多可为后世模范,其成效之显著,能使有废止死刑而以自由刑代之之希望,监狱改良之事业,至是乃渐如长夜之将旦矣。

第三章　各国狱制改良经过及其现状

各国近今之狱制有日新月异之势,即其刑制之进步,且已入于科学时期。溯自狱制改良发轫之始,各国之间有失之操切,而不顾秩序与系统者,有制定方针而循序渐进者,有甫经着手即遭挫折者,有因拘禁制度选择不定,而一时中止进行者,种种情状,颇不一致。故当十八世纪末叶,虽有改良萌芽,而一曝十寒,终鲜成效。直至十九世纪以后,始得发荣滋长,渐跻于光明之境。兹将各国改良开始以来,所经历之事迹,及其现在概状分别述之,俾知其成功之由,而资镜鉴也。

第一节　美国

美国于监狱改良着手之先,尝以一七七六年及一七八九年之法律,缩小死刑范围。又以一七九〇年之法律,改定死刑,以谋杀为限,一七九六年,编斯非尼亚州(Pennsylvania)创设分房制监狱,于非拉特尔菲亚(Philadelphia)实行昼夜绝对隔离之监禁法,其目的一面在杜绝犯罪之濡染,一面使犯人斗室独居,易生反省悔悟之心。当时多称为最完全之刑罚,即世称为编斯非尼亚制也。惟博爱主义学者,谓其违反人类天性,多非难之,于是纽约州对于此制之采用,不免有所顾虑,因而求折衷宽和之法,遂于一八二〇年,在奥本(Auburn)建筑新监,试行夜间分房制,构造简易,费用较少,即世称为奥本制也。但因人之交通,不能严密杜绝,为防止罪恶之传播计,自不如编斯非尼亚制之完善也。

自二制创行以后,欧洲各国,皆遣使相继赴美,考察新制实施之利害,其间有以编斯非尼亚制为善者,有以奥本制为善者,于是二制,遂分行于英之伦敦及欧洲大陆矣。

奥本制之创行也,世人以其经费节省,多赞成之,其后有欲独树一派,以图推翻编斯非尼亚制者,于是二派大起争论,议论纷纭,莫衷一是,而监狱之改良,受其影响,此因争论拘禁制度而影响改良进行者也。此外足以妨害其改良进行者。尚有二事:一、缘于奥本制之理想的经济主义,以为监狱经费,尽可取资于囚人之劳役,所谓自给主义,故其目的,纯在劳役收入,甚至有与私人订立契约,使代国家为给养使役及其他一切管理等事务,而坐收其佣金者,或有以监狱为纯粹之工厂,而专计收益之多寡者,如此,而欲贯澈行刑之本旨,不亦难乎! 二、缘于监狱受政党之支配,政局动摇,监狱即遭波及,监狱官吏之更迭,政略之变更,一岁之间,往往前后所采主义,自相矛盾,此皆足以妨害狱制改良之秩序的进行者也。

至美国监狱之施政方法,则未免州异其制,狱异其规,新旧不一,瑕瑜互见,此固由其刑制之不统一,致成参差不齐之景象耳。虽然,刑制之不统一,一方固为美国之病,一方亦即其所长,何则? 盖惟其不统一,故各州乃得不受一定之拘束,而可以自由发挥其理想,制定法律以实行之,故对于刑事政策之新设施,往往树立先声,几成为世界刑制革新之向导,如死刑之废止,不定期刑之实行,幼年裁判所之特设,累犯者之特别处分,肺病监之特设等,皆为近世刑事政策,所最需要之要求,在几十年前,多有为各国梦想所未及者,而美国已著著行之,此诚不得谓非各州自由改进之所赐也。近来美国行刑制度,又由累进而进为自治制矣,是制初本只行于美国感化院,旋有奥斯蓬(Mott Osborne)任纽约奥蓬(Auburn)监狱典狱长,于一九一三年,施行囚人自治制,同年十二月改任于新新(Sing Sing Prison)监狱,复将前订自治办法,加以修正,行之于新新监狱。查此制组织中之自治会议,为最高机关,其职员由各工场犯人投票选出,总数为五十五人,任期六月,会中复选出理事九人为理事会,除裁判外,一切行政,均归处理。另有裁判部之组织,对于违犯监规及同盟规约之行为,有审理与宣判之权,对于宣判不服者,得控诉于监狱审判所,此自治制组织权限之大概也。未久欧本(Urban)矫正院,亦采用之,院长为柏辣师(Plass)牧师,彼认儿童有集合的自动的行动之要求,若抑制之,不特妨害其自由发达,且转为感化之害,故宜用此制,以养成其社交同情责任公益公德种种精神也。美国监狱施行此制后,虽予囚犯以多量自由,而脱逃犯规反减少,作业收益则增多,至于出狱后之再犯,据新新监狱一九一六年报告,每百人中不过十五人,较之普通制之监狱,再犯亦减少,现德、英、日本、苏俄等国监狱,亦渐施行自治制矣。惟监狱为社会缩影,此制固确有优点,但当先视一国之自治教育程度如何,监狱改良情形如何而斟酌行之,如无充分准备,自不可轻于尝试也。

第二节　英国

英国刑制,虽无成文法,以为基础,然自十九世纪以来,屡以单行法改革旧制,如废止流刑,限制死刑,又以体刑为附加刑之一种,或限于特定之时适用之,终亦以自由刑为主要之刑罚,其狱制之改良,自约翰·哈华特氏,倡议以来,建设亦颇不少,一八一一年,建设新监于眉尔班库施行阶级制,其后调查美国狱制之使者,选克洛货尔特及霍歪脱窝斯二氏回国,主张采用分房制,复于一八四二年,仿编斯非尼亚制建筑编通归尔监狱于伦敦,实行分房制,对于囚徒,重在考查其性行,而为派遣于凡吉孟斯岛之预备,或与以释放证。其最不良者,可独居监禁十八个月之久。六年之间,模仿编通归尔之制,改建分房监狱者,多至五十四处,总计房数达一万间以上。一八四〇年,麦可诺大尉为罗夫窝克岛知事,该岛为被处流刑者押送之地,岛民性情凶恶,罪犯不易管理,遂提出议案,施行所发明之采分制,以奖励人犯作业为主旨,得以作业分数,换算刑期,但学者以为囚人天赋不同,难得公平结果。一八五四年克鲁夫东加以修正,用之于爱尔兰,世称爱尔兰制,是制计分四个阶级:一、为分房,二、为杂居,三、为半自由拘禁,四、为假出狱。第一级在孟妥爵依监狱执行,第二级在斯巴依克岛监狱执行,第三级在拉斯克监狱执行,此监为社会与监狱一种中间特别场所,朝出作工,暮则归来,囚犯已得到相当自由,如经六个月之训练,即可假释出狱。要之,此制管理由密而疏,待遇由劣而优,在鼓励其自新向上之心,堪称为最完善之制。

又查英国五十余年前,全国监犯,每日平均为三万人,欧战前,减为一万七千人,一九一二年后,男犯更减至百分之四十,女犯减少至百分之六十七,惟此种减少之趋势,自实业衰落以来,早已停止。近十余年间,每日平均增加一千人,不过监狱当局,认此种现象,为失业之结果,盖自一九二〇年,实业衰落后,债务人之被监禁者,由三千人增至一万二千人,足惩此种犯罪之增加,实为特殊情形也。至于一般犯罪,实在减少中,其减少原因,除收效于监狱之改良外。(一)为社会政策之实施:如各种保险及保护失业衰老寡居等,亦足以防止多数人之犯罪。(二)为各种替代监禁制度之设置:如十六岁以下之幼年犯,不科监禁,二十一岁之少年犯,收入感化院。〔(Borstal Institution)感化院,专收容二十一岁以下之刑事犯,感化期间,一年至三年。Borstal系一村名,该村为感化教育发轫地,遂以该村名感化院焉,现英有男感化院三,女感化院一,尚有感化人出院保护会(Borstal Association)云〕。以及多科罚金,推行缓刑等,但再犯增加,亦属可惊,查近年再犯男犯中,占百分之六十,女犯占百分之八十,再犯二十次以上,男占百分之七,女占百分之三十二,故英国各地县长,竟多谓监禁非遏止犯罪之良方,而英国专家,亦主张轻罪短期犯,不适用自由刑,习惯犯应处以长期监禁,受环境驱迫之偶发犯,宜在监外,予以相当处置。英国各监狱,鉴于再犯之增加,现正设法引起犯人之教育上、道德上、娱乐上种种兴趣,盖非此不足以创造犯人之新生命,而得良好之结果,对于长期徒刑之犯人,另设监狱,如打马(Dartmoor)地方之监狱即其一,因是地为僻远之区,盖寓有隔离社会及杜绝恶性传染之意①。

至行刑制度,除爱尔兰制,久著成效外,近年脑顶干监狱,已试行自治制,但其结果如何,尚未公表于世也,英国为地方自治权强盛之邦,监狱向归地方团体经理,因之不能奏统一之效,迨时移势易,而国人渐知非统一不能为根本之改革,于是解除地方之管理

---

① 以上一段系摘要译录十九年(1930年)十月九日,上海《大陆报》"英国行刑制度"一文。

权,归之于中央,而以国费经理之,一八七七年,颁布之监狱法,即为全国监狱统一之成功。

第三节 法国

一八一〇年发布之《科特彼拿法典》,在欧洲十九世纪刑法史上,占重要之一页,而其影响及于各国者,亦甚大。考其立法,实以威吓及保全两旧观念为其基础,其刑罚之种类,分为死刑、流刑、(当时流刑,并不实行,惟以徒刑代之)及自由刑三者,而自由刑,又分为徒刑(五年以上二十年以下及无期,处此刑者,送入海岸之船狱,使服苦役,不给工资);惩役(五年以上,二十年以下,处此刑者,在狱内服役,给以工资,凡妇女犯此刑,不能服船役之苦役者,皆以惩役代之);禁狱(五年以上二十年以下,专对于政治犯施用之,处此刑者,监禁于城寨监狱中,不服劳役);禁锢(六日以上,五年以下,处此刑者,入禁锢狱,服役者给以工资,不服役者听之。)四种。分类太多,宗旨各别,欲各设监狱以执行之,则因于经济,而不能实行,此法典为狱制改良之障碍也。

至于受政治上之障碍者,则为拿破仑一世及三世之帝政,一八一一年,第一世帝,以拘禁禁锢囚及刑事被告人之监狱经费,由中央国库,移归地方负担,而地方则以不堪负担为词,因循退缩,毫无建树,卒至狱制紊乱,犯罪增加,于是社会间皆争论监狱改良之必要,政府不得已乃派卑门托库卑尔二氏,赴美调查狱制。一八四三年,以狱制改良案提出于议会,得下院之可决,一八四七年,转至上议院。旋值一八四八年之革命,第三世帝制复活,此案遂被打消。

关于狱制上，一切设施，不但仍沿用第一世帝时之旧制，且更变本加厉，实行流刑制度，将政治犯及徒刑犯，均放逐于海外殖民地（如南非洲、南美洲等处）。一八五三年，更令内务部大臣，发布禁止分房制之命令，至是而新建之分房监，乃又以杂居制变更之，是为狱制改良上第二次之蹉跌。

追至第三世帝制灭亡，而狱制改良之事业，始渐见转机，一八七五年，以法律规定：凡刑事被告人及刑期一年以下之禁锢囚，皆拘禁于分房监（特逊威尔子爵之建议）。其关于本法实行之必要经费，由国库酌量补助之，然实际上自第一世帝以来，关于此项经费，地方上早已疲于负担，无力应付，其时虽得国库若干之资助，但对于监狱之改建及兴革上，仍难有所从事，是以自此法颁行后，总计三百八十二处之监狱，其着手改建者，截至二十世初叶，共仅增至五十九处（尚有二处在巴窝城内），然其中监禁方法，大半仍守不完全之杂居制，且利用流刑，以为姑息偷安之计。若言根本改良，则尚多未厌人意者焉。

欧战以后，法国鉴于世界文化大进，其于刑典狱制等理论，亦日有变迁，在刑法方面，如 Faustin Hélic，Garraud 及 Garron 之著作，在监狱方面，如 Tvequevile 与 Berenger 之实验，在幼年犯罪方面，如 Jules Simon，Felix Voisin 及 Robin 之试行。其目的皆在推翻原有制度，而所以谋革新也。

其在比国，因有 Lejenne 之提倡，故监狱及感化院制，亦已变更而适合现在之新需要，意大利因有 Lombroso，Ferri，Gorofala 等人类学家，对于刑事方面所提出之新问题，已证明幼年犯、累犯、精神病犯等，除刑罚外，尚有其他之必要处分，故有一九三〇年两种法典之颁行。此种结果，实由于一九二〇年司法部长薛龙（Henry Cheron)氏提议组织一修改刑法委员会,以最高法院检察长马德(Matter)氏为委员长,公开研究,刑法狱制改进实施方案之所致也。兹将监狱改良后关于行政管理及分区办法有特殊意义足供我人研究者几点,分述于次:

甲　中央管理机关

　　法国监狱之管理,设有监狱政务处,为司法部之附属机关,管理关于全国监狱之设施,内分职员科一,事务科三,其第一科掌理总务及会计事项,第二科掌理长期及短期徒刑之监狱,并监犯移管事项。监狱政务处之外,设评议委员会三种:(一)监狱高等评议会,(二)保护幼年犯参议会,(三)监狱卫生委员会。该三委员会对于司法部长,得将各该管事项提出意见,以备采纳。

　　又设惩戒委员会二:(一)对于行政方面之职员,(二)对于视察方面之职员。又有监狱奖章委员会,掌理给奖事宜。对于监狱之进行,设行政视察总处,掌理视察监狱事宜,该处成立于一九〇一年,其职员均由考试选派,凡有高等学校毕业文凭,及有任职若干年之资格者,均得参与考试,该处设总视察八人,副视察八人,虽归内政司法两部节制,但事实上受司法部之指挥。除每年按期视察及特定视察各监狱外,各视察员对于监狱进行上之改良,均须注意,于必要时,在司法部所设之各委员会内,并可发表意见。每年视察各监狱后,应编善总报告书,详具一年内监狱之状况。

　　该处又附设视察委员会,对于监狱行政各问题,遇司法部长提交时,即须审查提出意见。

　　移送监犯事宜,特设移送囚犯处掌理之,该处内分两项:

（一）司法移送（对于拘留犯），（二）行政移犯（对于监禁犯）。司法移送，由宪兵署掌理，行政移送则归监狱政务处第二科兼管。如移送甲监之犯至乙监，或拘留所犯移至监所，应由本地行政机关，将应移之犯，开单送交移犯处，该处按期组织移犯团，带同囚车，分赴各省载送囚犯，途中囚犯饮食各品，由移犯处供给。至幼年犯之移送，则自一八九一年以来，由各处教诲所职员担任之。

乙　监狱分区办法

管理监狱政务处，系一中央机关，掌理全国监狱行政，但每省省长，既主持全省行政，对于本省监狱，亦有管理之权，按照刑事诉讼法第六〇五条，省长应注意监狱之秩序，及其清洁，庶不致有碍卫生。对于本省监狱，亦可规定细则，主持财政出纳。省长又以每省监狱事务长之名义，对于各监看守长之成绩，假释囚犯之请求，得随时表示意见。并应将本区域内各监狱长之报告书，按期转送管理监狱政务处查核。

法国全国监狱区域，依据一八一七年五月三十一日之法令，共分四十五处，于一八八八年减至三十三处，一八九七年，减至三十一处，一九〇九年，减至二十处，至一九一八年，以阿尔若斯（Alsac）及劳伦（Lorraine）两省之加入版图（该两省原有监狱区域三处），合成二十三处，至一九二五年，取消度阿（Thouart）及法尔斯堡（Phalsbourg）两处，一九二六年，取消河往（Rouen）、汪各雷满（Angoulême）、襄西（Noncy）、地容（Dijon）及各雷拏勃（Grenoble）五处之后，现有狱区共十六处，其分配发下：

POISSY……Oise, Seine-Inférieure, Seine-et-Oise.

LOOS……Aisne, Nord, Pas-de-Calais, Somme.

MELUN……Ardennes, Loiret, Marne, Seineet-Marne, Yonne.

CLAIRVAUX …… Aube, Haute-Marne, Meurthe-et-Moselle, Meuse, Haute-Saône, Vosges.

CAEN……Calvados, Eure, Manche, Orne.

RENNES …… Cotes-du-Nord, Finistère, Ille-et-Vilaine, Loireinférieure, Mayenne, Morbihan, Sarthe.

FONTEVRAULT …… Eure-et-Loir, Indre, Indre-et-Loire, Loir-et-Cher, Maine-et-Loire.

RIOM……Allier, Cher, Creuse, Nièvre, Puy-de-Dôme.

LYON……Ain, Côte-dór, Doubs, Isere, Jura, Loire, Rhône, Saône-et-Loire, Savoie, Haute-Savoie.

NIMES …… Hautes-Alpes, Ardèches, Drome, Gard, Haute-Loire, Lozère, Vaucluse.

MONTPELLIER……Aude, Aveyron, Hérault, Pyrénées-Orientales, Tarn.

BORDEAUX …… Charente, Charente-Inférieure, Dordogne, Gironde, Vendée, Landes, Lot-et-Garonne, Basses-Pyrénées, Deux-Sévres, Vienne.

TOULOUSE …… Ariège, Cantal, Corrèze, Haute-Garonne, Gers, Lot, Hautes-Pyrénées, Tarn-et-Gaxonne, Haute-Vienne.

MARSEILLE …… Basses-Alpes, Alpes-Maritimes, Bouches-du-Rhône, Corse, Var.

HAGUENAU……Bas-Rhin, Moselle.

ENSISHEIM……Haut-Rhin,Territoire de Belfort.

圣纳(Seine)一省,不入监狱区域分配之中,因该省之各监狱,除Dépôt及Conciergerie二监,由同一监狱长管理外,其余各监,均设有特派狱长一人管理。

各监狱区域,包含有各区域内之各种监所,惟幼年犯监狱,则另设管理处,为独立部分。

监狱区域职员之分配。每监狱区域,设狱长一人,综理全区事务,如该区内设有中央监狱,则区域狱长,得兼任中央监狱长,此项狱长,均由司法部委任,应于各区域之副狱长,及中央监狱管理处副科长内选择充任。依据一九二七年十二月三十一日之法令,该项狱长,共分二级,第一级属于Caen Clairvaux,Fontevrault,Loos,Melun,Poissy诸区域,所有狱长,只得于其他监狱区域之狱长中选充。第二级属于Ensisheim,Haguenau,Montpellier,Rennes,Riom诸区域,并Saint,Lazare及Dépôt两监,所有狱长,应于已任职十六年之监狱长中选充。依据一八八五年十一月十一日,一九〇七年七月二十七日,及一九二三年一月十九日法令之规定。每区狱长除掌理全区监狱之行政事务外,对于监狱制度,行政规定,修筑监狱等项,均得表示意见,报告司法部长。又除每年于第二届省议会开会之前,关于狱区内各省监狱之进行修筑及供养等项,应编具报告,提送各该省省长外,如有紧要之修筑,得以随时提议,一经省长同意,即可执行。

各狱长对于本区监狱之进行,应负完全责任,狱长以下之员役,均应受其管辖,狱长之任务如下:

一　执行法令、规章及部令。

二　筹备预算,制定出品价目,管理出纳。

三　执行采购。

四　监视关于实业之工作,并采取相当之手续,使囚犯不致缺少工作。

五　监视监狱内部秩序,及内部警察。

狱长,应至区域内所属各监所巡视,每年至少两次,查察各监所之进行,每次巡视完毕,应编具详细报告,送呈省长,转呈司法部长察核。

每区狱长之下,设副狱长、会计、书记官、教师、雇员等职,佐理狱长职务。

丙　狱区经济管理

法国所有各狱区域之经济管理,现均为官办性质。此种改革,实行未久。昔年各狱区经济管理,因均所属各省自理,故有商营之办法。在一八三〇年时,各监狱囚犯之工作,商人得各省之特许,就内经营,嗣复获得供给食料,及狱中应用器物之权。至一八五五年,囚犯之生活需要,始有划归国家管理之实现。但除囚犯之衣着,归国家供用外,其余食料煤火电灯等项,仍由商人经理供给。自后逐年改革,各狱区中,或有半官半商办理者,或有全属官办,或有全属商营者,迨至今日,法国全国十六狱区之经济管理,悉归官办矣。兹将商营与官办之两种办法,略述如下:

商营者,国家与某商人订立合同,载明每一囚犯,国家应付供养费若干,预先核定,该商人对于每一囚犯之供养,完全负责,惟得经营囚犯之工作,即囚犯工作之出产,均归该商人售卖。

官办者,国家对于囚犯之供养费,自筹供给,并自经营各囚犯之工作出品。

商营之办法,由国家先订合同底本,载明承办人之义务及其权利,用投标办法,选定承办商人,一种择定,该合同即生效力。国家合同底本,即一八九三年三月间之初定稿本,及至一九二六年经数次修改,规定国家应付该商每日每犯之供养费若干(最近数为二佛郎)。该商则担任供给囚犯饭食、床椅、卧具、洗衣、刷新房舍、修饰国家所置大件器具、购置小件器具、修理房舍、供给暖气电火等项。该商虽得享有囚犯一部分之工作出品,但应供给材料。该商在每一监狱,应派代理人经理一切事务,惟不能干涉监狱行政上之进行,及其惩戒规则。此项合同,如有违背,由省长规定处罚,或由司法部取消合同。如遇囚犯缺工停歇,则停工期间,应由承办商人,担负赔偿。若因合同上对于狱舍等类而发生之争执,应诉由省议会解决。但因监狱经济事项之争执,则归司法部长主持解决,而行政法院为其上诉机关。

监狱房舍及其附属物,均为省有之产业。如在官办狱区,则所有动产,均属国有产业。但在商营之区,则其情形不同,普通而论,大件器物:如床、桌、椅、暖气机、浴盆、灭火器、教堂用品、外科用器械等,均属国有。小件器物:如厨房用品、板凳、床、桌、挂衣架等,则归承办人供给。如上项器物于承办人接办时,监狱中业已设备,则不论替承官办或商营,该承办人均应偿价,全数接受。

丁　监狱出纳管理

每狱区特设出纳人员,掌理监狱出纳事项,备有出纳总计簿,应将每期狱区内各监狱之出纳稽核员所报告各本监内之账目,总列登记。此项出纳人员,并各监狱其他职员职掌事项,均由一九二七年十二月七日之法令规定。各监狱区出纳总计簿,分每日及每月两种,每日出纳簿,据每日各监所稽核员报告之出纳账目,总结登记。每月出纳簿,(一)据各监所稽核员报告每月监所中之出纳账目,比较每日所报之账,总结登记。此项按月之总账,应就每监所之出纳,按种列号,分别登录,所有数目,至年终核成总数。(二)每月分配各监物品账目,至年终总结登记。(三)各监所非食料之支出品。

第四节　苏俄

甲　刑法之概念及其立法原则

革命以前俄罗斯之监狱制度,在欧洲无多称者,而今日之苏俄,则订有世界上思想最新最进步之一部刑法,此刑法,系以马克思主义及列宁主义为基本原理。认人类行为,只有过失(Wrongs),不应有犯罪(crimes),所谓过失者,系指足以危害社会秩序而须由国家加以干涉之行为也。此种危害社会,而须由国家加以制裁之行为人,今在各国刑法称为犯罪人(criminals)者,而苏俄刑法,则曰社会危险分子(socially dangerous persons),制裁此种危险分子之过失行为之方法,在各国谓之刑罚(punishment),而苏俄则曰防卫社会处分(measures of social defense)。处分之义为何?即国家用强制力使过失行为者,回复善良,足以重新适应社会之一种手段也。考其立法原则,有下列六种:

一　人类过失行为，系数百年来资本主义社会下，所遗之产物。

二　认有人们，一时难于改变旧态，以适应新社会之秩序。

三　认有人们，易于造成适应新社会秩序之习惯态度。

四　处分目的，在保护社会安宁。

五　社会应设法用在教育学上、医学上之各种新方法，改变过失行为者之态度。

六　如认为不能改善之过失行为者，为保护社会安宁计，则不能不使之与社会隔离。

根据上项新原则，逐使世界有悠久历史之斟酌犯行科刑、轻重、等级之传统刑罚分类法，失去立足之根据。而另有新的三大刑罚标准：（一）为危害国家社会及经济制度之过失行为。（二）为侵害个人之过失行为。（三）为违反公安〔如公众卫生健康等〕规则之过失行为。其科刑以危害苏维埃制度之行为为重，侵害个人之行为次之，侵害财产之行为又次之，最重则为杀人罪，得处以最高十年之刑期。死刑固然存在，而仅限适用于怙恶已深、无悛改希望之劣性犯人，并不计及犯罪行为情节之轻重如何。

乙　刑罚之目的

刑罚既系为防止过失行为人妨害他人或国家社会秩序之手段，而采用一种教育上或医学上之改善有效方法，则监禁制度，实有沿用之必要。盖可利用此时期，斟酌个别情状，而施行上述之各种适当方法，故监狱制度，似须存在，其目的则有下列之三种：

一　在纠正或感化过失行为者之行为或态度。

二　为保护社会与感化犯人计，监犯必有适当之分类：即恶性深者，应与恶性轻者隔离；累犯应与初犯隔离；行为逐步改善之犯人，应使渐享受多量之特权与自由。

三　怙恶不悛之犯人，必须使永久与社会隔离。

丙　刑罚机关（即监狱）之种类

上述刑罚之目的，在感化犯人，回复社会正当生活，至为明显，而其所用工具，则为集合劳工，予以技术训练，主义灌输，知识培植，及顽固者之惩戒，与合于教育目的之消遣娱乐。至运用此项工具机关之组织，则有下列之五种：

一　看守所——收容初审及上诉之未决犯，或刑期不满六月之犯人。

二　劳役感化院——收容刑期六月以上之犯人，经认定由于缺乏谋生技能所生之结果，故重在技能之训练。

三　劳工区域——收容刑期在五年以上之劳农阶级犯人，经认定完全出于经济压迫，又系初犯而无脱逃之危险者。

四　特殊阶级隔离所——收容非劳农阶级，而为争取自己阶级利益之犯罪者。但亦收容危害国家将有重大危险而须有相当惩戒时期之劳动阶级犯人。

五　过渡劳役感化院——上述四种机关之犯人，经过相当时期，而其行为态度能力已经改善，方得移禁此院。予以相当时期之训练，使恢复普通社会上之自由生活，故有称为释放监。与爱尔兰制之中间监狱相等。

丁　处遇方法

犯人在监禁期间,处遇办法多与各国不同,其由法律规定者,有下列之九种:

一　不用戒具(如镣铐等类)。

二　不用独居监禁,或鄙视方法。

三　工作勤谨者,可以两日劳役代三天之拘禁。

四　服劳役之犯人,一律受国家劳工法保护。

五　服劳役经过最初五个半月以后,每年有两个星期之休假。

六　服劳役所得工资,与普通工人同。

七　适于教育目的之娱乐,必须参加。

八　得许阅看壁报及外间刊行报纸,并许研究戏剧音乐等。

九　管理最高级犯人,采自治制,得许组织自治团体。

至成年犯人,尚有三大类之区别:(一)受监禁及严格隔离处分者,(二)惯犯及出身资产阶级者,(三)其他一切犯人。

又待遇犯人采用分三级之累进制度,上述第一类、第二类之初入监犯,编入第一级,经过相当时期之有适当行为者,方可升级。至第三类犯人,可由监督委员会按人犯个别指定入任何阶级。阶级高者,其所享受之权利亦随之而增多。其惩戒犯人,多用降级及损失权利办法。情节较重者,亦不过处以十四日以下之隔离,或移禁于孤独监(或称特殊阶级隔离所),使受粗劣之待遇。

戊　监督及行政

按苏俄刑罚机关之监督及其管理,亦与各国不同,有下列三个组织:

一　民众委员会——隶属内政委员会,对于全国监狱,有最高管理权力,并由莫斯科委派督察员于各行政区域(krai),对上接受指挥,对下督察行政。

二　支配委员会——各地方政府或行政区域,均有此项委员会,系由当地法官,行政考察员,劳农考察员,工会代表,各一人组织之。其职权:(一)支配犯人于各适当之刑罚机关及其移转。(二)前节所述,第二、第三两类犯人阶级之升降及其假释呈报。(三)刑期将满而无改善实据之犯人,增加刑期之呈报。(四)移禁劳动阶级之犯人于适当监狱或感化院之呈报。(五)决定监犯之有条件或无条件之释放。(六)刑期减短之计算(如两日工作,抵三日拘禁之类)。(七)建设新监,订立新法,或关于监狱改良之讨论及计划。(八)监狱或感化院紧急事宜之处置。

三　监督委员会——由典狱长、法官、财政局代表组织之,称曰三角管理(triangle control)。凡监狱重要行政事务,皆在其管理之下,与欧美日本及我国之监狱行政,全操于典狱长者不同。典狱长只得在监督委员会所给予之权限内,行使监内一切事权,较其他国家之典狱长权限大为缩小。而在监狱职员中,仍占最重要地位。

己　少年犯罪之劳工区域

少年犯罪者之处置，本为近世最难解决之问题，盖稍严则适足以损害其生机，宽则无以资儆惕。转启发轻蔑之念，故各国所谓少年监感化院者，固咸趋重教育一端，而其管理方式，极不一致。苏俄对于少年犯有布耳什服（Bolcheves）温尼哥罗（Zwenegorod）等劳工区域之组织，收容人数有二千人或千余人之多，其场所俨如一乡村。既不用围墙之环绕，亦无多数之守卒，而脱逃之事，并不多见，盖重在精神戒护也。除努力施以相当工业知识之训练外，并有网球场及其他运动方面之设备。有称此为全世界少年感化机关最人道者。

庚　结论

总之，苏俄之监狱制度，堪称为刑罚学上最勇敢而最有价值之一种试验。虽因历史未久，是非未能定论，成败尚难逆料，惟其经济机会之平衡，工业社会之训练，恶性深者之最后放逐，刑期之得以增减。执行之分类支配，劳工区域之精神戒护，阶级制与自治制之并行等，均适于行刑最新原理，可为一种极前进之发展，而有深刻研究之必要也。

第五节　德国

德意志之监狱，在一八四〇年，尚用无限制之杂居制。狱中状况，仍与十七世纪时相若。迨至再犯日益增加，朝野上下，始渐有改良之议。然或主分房制，或取折衷制，议论纷纭，致令各邦政府，无所适从。而建筑完竣之新监狱，只二三处。加以国家多故，战事频仍，狱务益无暇顾及。狱制改良，几成绝望。德意志联邦成立，编制新刑法，以期统一。然关于刑之执行，则仍任各邦自谋。以故狱制与刑制，势成两截。而刑法统一之精神，仍不能实现。及至一八七九年，联邦政府，始以自由刑执行法草案（监狱规则草案），提出于联邦会议，并举出调查委员，审议其事，卒以各联邦不能负担设施之经费，其议复寝。自后唯普鲁士巴颜汉堡，及其他二三联邦，于狱制改良，著著进行。然尚未见整齐划一之效，兹将普鲁士之狱制述之于次：

普邦狱制改良，在十九世纪初叶，其时司法大臣，亚尔厄模氏，以监狱管辖权不统一，足为改良障碍，乃举全国监狱，尽属之内务部，以便根本的改革。未几司法部与内务部，因监狱管辖问题，发生争议，乃于一八二一年，决定以未决监，属于司法部，已决监及其区域内附设之未决犯一部，属诸内务部。虽当局者，亦明知分属之弊，屡谋统一，然卒未能见诸实行。迨至一八四九年，更以法律规定，中央监狱，属于内务部，地方监狱，属于司法部，自是而监狱分属制之基础愈固，遂为狱制改良之障碍矣。

顾普王腓立特利克威廉第四世，实为热心狱政者，尝亲赴英国，考察编通归尔监狱，回国后，实行采用分房制。于一八四二年，仿编通归尔制，建筑分房监于莫雅比托。未几眉由斯铁尔、布烈斯劳、拉治波跌等处，亦相继并起，皆如此制。但其时以收容人数，超过定额，仍不能得分房之实用。且监狱官吏，上自典狱长，下至看守，多以豫备或后备之将校弁卒充之。管理方法，悉照军队，监狱俨如兵营。普王欲矫其弊，乃以宗教家威海伦任中央管理狱政之要职，威氏对于狱制，多所建白，惟于监狱官吏，专取材于教会学校，大招舆论之反对，谓其化监狱为僧院。于是司狱人才问题，引起社会注意，而不得不加以审慎之考核。自后内务部所辖之监狱，分房监日见增加，总数达一万间以上，有惩役囚百分之三三以上，禁锢囚百分之七十以上，得拘禁昼夜分房监内，而无监收容之定额，规定以五百五十人为最高限（女监规定三百人以下）。其司法部所辖，则分房、夜间分房及区划寝室等之设置，亦日见完备，对于在监者，总数百分之八二以上，均得拘禁于相当设备之中，惟每监定额，则有在八百或一千人以上者。迨至一八八〇年，德国监狱，完全归司法部管辖后，全国狱制，乃得统一，多趋于宽和之分房制，当时巴敦监狱与白利寨监狱，几有世界模范之称。

欧战以还，德国战败之余，一时社会政治经济，颇形衰颓，犯罪增多，监狱分房，不敷容纳，学者遂有改良大杂居制之提倡，以为过度时代之救济。自国社党崛起，一切政治，多所改革，对于改革司法，制定新法甚多。但时代有何种首领，法律即含有何种特质，故自从希特勒（Hitler）握政以后，在其铁腕之下，一年之中，造成世界未有之新局面，其中使吾人特感兴奋者，即为法律之改革。从前德国刑法，尚系一八七〇年所颁布，重在个人利益之维护。而新德立法之三大原则：其一，则为公利先于私益。故一九三二年修改之刑典，其中心思想，则在增高国家之权威，在维护社会安宁福利之目的下，极注重防止个人犯罪行为。如累犯之加重，以及保安处分与感化方策之规定等，皆本公利为先之原则，不惜个人自由之牺牲。至刑罚之实施，从来因地而异，制度错杂。自一九二三年六月，组织各邦联合会议，计划统一方案，协定原则多条，以为共同改革之标准。一九二三年八月，普鲁士颁行之监狱行刑原则，即本同年六月协定原则所制定者。其他各邦虽有仿而效之者，而其结果，实行者并不多睹，自一九二三年至一九三二年，其间有数邦单独施行改革，其显著者，有普鲁士与酸林其亚(Thuringia)两处：

1. 普鲁士　一九二九年六月，普鲁士司法部，将一九二三年协定原则扩充，命各监采用阶级制度，分犯人为甲乙两部：

甲　不适用于阶级制者：(一)有精神病人。(二)处九月以下有期徒刑者。(三)确不能因感化教育改进之职业犯。

乙　适于阶级制者：即上述以外之犯人，其制度系分为三级：即第一级，初入级(Admission Institution)，第二级高等级(Advanced Institution)，第三级释放级(Discharge Institution)是也。初入监者，入第一级，经过相当时期，升入第二级，第二级经相当时期，升入第三级。行为进步优良，班级加高，班级渐高，则所取得之自由与责任之量渐多。足以鼓励犯人自动的向前进展，实为感化教育施行之有效方策。并采一九二五年，《国际监狱》会议(在Bavaria)所报告罪犯研究办法，于普鲁士较大之监狱内，附设新犯生理实验室。检查犯罪者之生理与精神之个别征状，以为犯罪学者研究之资料。但据考察报告，实际方面，如柏林(Berlin)精神病监，极为拥挤，此外白兰地堡(Brunderburg)普鲁士等监狱，能否尽行此制，亦一问题也。

2. 酸林其亚　酸林其亚,自一九二四年起,拟就改革方案多种。其主义重在训练人犯,发展自治精神,故痕探马司非之犯人法庭职员,即由监狱遴选而来。所采之阶级制,与普鲁士大旨相同,分观察级(Observation Class)、待遇级(Treatment Class)、保护团(Protection Group)等三级,名称虽异,而进级待遇等办法,均与普鲁士同。其特殊者,每级有所谓富沙旧(Fursorger)者一员,管理级内一切事宜,一面教育犯人,领导一切活动,一面代表犯人,参加监狱会议。此种组织,学者认为系欧洲刑罚行政制度上,一大进步。又据考查报告,近年柏林所行之累进制。凡犯人行为优良者可进级渐得到较多之自由及责任,使其自动向前进展,其方法大致与各国同。惟有特殊意义几点,分述于次:

甲　一般累进制,多将各级犯人,拘禁于同一监内,在同一监内,复分各部,为容纳各级犯人之用。而近年柏林,系将各级犯人,分设监禁机关。进级者则移禁于高级监狱,降级者则移禁于低级监狱,此种方法,可以依据各级不同性质之犯人,而施行不同之治理。且可免监狱官,感有适用于严密纪律者,未必能适用于宽纵纪律者之缺点。但反对者谓犯人在甲级监狱,监狱官于该种犯人之身历个性行为,已有相当之认识,如移到乙级,则不免有生疏隔阂之困难。二说虽各言之成理,而德之此制,固一种新发展也。

乙　萨仁舍之教诲师,系专门人员,曾受特别训练,对于监犯教育,负完全责任。狱内犯人,除服役外,所余时间,须受教诲师之支配,如听受教诲、劝戒、学校教育及解释疑难等,均收极大之成效。

丙　普通一般之累进制,皆不适用于短期刑之犯人,而德国则恶性犯人(即前述甲第三类),亦不适用之。诚恐恶性犯,果与普通犯集合一处，难免影响其他犯人之改善行为，及妨碍扰乱累进制之进行，但恶性犯人，非普通常识所可判别，必须有慎重之审查方法，然后不发生不公平之结果。故凡经法庭判罪后之犯人，均须先送交该处新犯实验室审查，再按照审查所得结果，分送各种监狱执行。至汉堡监狱，近年且有自治同盟组织之试行，其成效如何，则未可必也。

第六节　比利时

　　比利时狱制之改良，在十八世纪以前，已具轮脊，与世界各国较，仅晚于荷兰耳。考一七七五年，即有刚城（Gand）监狱之建设，关于囚人分类及管理等，多可为后世模范（已见前二章三节），惟因一七八三年作业受企业家之攻击，工场忽归停顿，复以一七九五年政局遭拿破仑之蹂躏，基础破坏无余，受此打击，狱制光明，不过昙花一现耳。

　　一八三〇年王国独立成功，励精图治，同时于监狱，力图改进，又有狱务总监察狄克百西阿（Ducpetiaux）之极力鼓吹分房制，五年之间，遂有刚城及非尔福德（Virvolde）两监之告成，为分房制之试验。未几，成效大著，予当局以坚强之信仰。一八四四年，即由司法部长安内堂（Andhan）所提出之监狱法草案，而有分房制之规定。二十五年之中，成立新监十一处之多，其中以路文监狱（Prison de Louvain），建筑为最壮丽，各监建筑所费，多由中央负担，如不鲁日监狱（Prison de Bruxelles），建筑费达四百五十万佛郎，地方政府，仅分担五十万佛郎而已。一八七〇年所公布监狱法，于犯人作息时间之规定:如八时之睡眠,十一时之工作,进食、运动、沐浴、休息各为一时,学者认为最适当之办法。且认作业为道德原素及养成技能必要之方法,较英所采之自给自足(Self-supporting)制,尚胜一筹也。不幸二十世纪之开始未几,又遭大战之蹂躏,一时狱政,复陷停顿,战局终结后,仍力图改进。就现状论,不仅恢复旧观,且合于科学理论之新发展,所在多有,兹就近世之三大新组织,分述于次:

甲 高等狱务会议(Le conscil superieur des prison) 此会,系遵照一九二〇年六月十日敕令设立,为司法部狱政咨询最高机关。其任务固以狱政为主要,但如关于刑法之改进等,亦在讨论议决之列。共有十五个委员,任期四年,司法部长为委员之一,委员中之雷玄(Le Jeune)、郎斯(Prins)等,为世界有名刑法学家,虽仅有十余年之历史,而已成效显著矣。

乙 犯罪人类学事务所 是所由十九世纪末,司法部长雷玄氏所建之监狱特殊医务所(Service de medecine specixle de prison)进化而来。一九〇七年,又由部长哥纳(Gonne)延聘人类学专家让根(Yenikin)为主任。组织人类学试验室于福锐(Forest)监狱,以探求监狱待遇之个人化(Isolation Individuelle du Traitement Penitentiaire),为合理方案。由此逐渐进展,迄至一九二〇年五月,遂以敕令规定,为犯罪人类学事务所,所负之使命,为对犯罪者作人类学之检验,研究犯人生理状况机能以及精神状况与道德观念,探求犯罪之真实原因,决定有效之处遇,养成将来适合社会之生活,不致有再犯之发生。此项组织,全国共有八处,以福锐监狱所设为最完善,可称人类学事务所之中央机关。有总指导员,总揽全国犯罪人类学事宜,该会有委员长一人,委员四人(监狱医士,精神病学者,司法行政,监狱作业专家,各一人),此外各中央监狱,均有人类学试验室之设备，由心灵病医士一人主持，检验犯人生理组织，遗传关系，及社会环境等，并得送中央机关（在 Forest）复验。至其他二级监狱（Les prison secondaires）之医生，亦必具人类学之知识，方能胜任。

丙　精神病观察事务所（Sirerced observation peychiatacque）自一九一二年至一九二四年，先后成立精神病观察事务所八处，系监狱医士及人类学事务所主持，就监内划一部分病室，为精神诊检之用。据福锐监狱典狱长雷格让（Legrand）报告，该监自有此项机关之附设，对于因犯之惩罚，日渐减少，因为不守纪律之强暴者，多为精神异常之人，是辈既得完备适当之治疗，故监狱秩序，随之安宁，足见其成效之著也。

至比利时之监狱行政管理，最高长官，为司法部长。高等狱务会议，则为最高咨询机关。此外有中央视察事务所（Le service d'inspection des prisons），所内分总务、会计、建筑三部。专赴各监视察，在各地方，又有狱务委员会之设立，由比皇任命当地人士组织，负监督行政责任。

较之我国所设监所协进委员会，权力为大，至监狱有普通监、病监、成年监、少年监之分别，在普通成年监，又有中央监与第二级监之别，中央监收重罪人犯，第二级监收重罪以外之人犯。现在中央监有二所：一设于路文，一设于刚城，皆收男性。至女性犯无论轻重，皆由第二级监狱收管。现共有第二级监二十一所，监内男女，严分界限，无论中央或第二级监狱，皆用分房制，皆有完善病监之设备。至于少年监，又有国家教育院、工业学校监、农业学校之别。兹分述之于次：

甲　普通成年监　共有中央监二处及第二级监二十一处，兹将办理最完善之中央监刚城监狱及福锐之第二级监狱等之情形述之：（1）刚城，刚城监狱，原为世界负有盛名之监狱，建筑分八部，一至七为囚犯生活场所，第八部为办公室，第一部为收容刑期六月以下人犯，第二部为收容身体特殊情形人犯，第三部为收容十年以上之囚犯，第四、五部为病室，第六部为少年监，第七部其他，共计分房约六百间。一九二九年，收容人犯七百至九百人之间，已超过分房定额矣。（2）福锐，福锐第二级监狱，成于一九一〇年，有分房四百八十二间，建筑精良。中央之人类学，及精神病事务所，均附设于此，在比国之行刑机关中，居重要地位，囚人虽无论何时须守严格之沉默制，而有图书馆、礼拜堂之设置，有种植花木之运动场，有星期日启发心灵之音乐会，皆所以引诱囚人之向善，所谓宽严相济也。

乙　病犯监　病监为比国二十世纪改良最大之收获，其设备完善，欧洲各国，无有出其右者。其中尤以在麦撒白尔斯（Merxplas）之结核病监，为最有价值。是地结核病监（A prisonsanatorium），系遵照一九二一年六月之敕令，而完工于一九二四年，收容在三月以上患结核病者。有病床一百二十架，全采用新式之空气治疗法，所有病囚，大都卧于治疗院（Galerie de eure）之长椅上，院前有大花园之布置，每日有九时之美丽空气浴，及有两小时之青草散步，又有肉类、牛奶、糖类之给养。比国鉴于结核病菌之蔓延，是整个民族健康之威胁，所以不惜经费，竭力经营。自开办以来，每年死亡率，仅百分之二，可云难能可贵矣。此外又有刚城之精神衰弱病监，及在迷克斯卜拉斯之癫痫病监两处，前者设立于一九一九年，后者设立于一九二五年，设备均称完善。

丙　少年监　少年人之智力道德及观感，皆与成年人大异，故在监狱中所施之感化教育,亦为特殊。比国此项设施,约有两种:一为学校监(即幼年监),一为国立教育所(即感化院)。前者设立于一九二〇年,收容十六岁以上二十一岁以下之犯罪少年。后者设立于一九一二年,收容无刑事责任之十六岁未满之不良少年。再分述于次:

1. 学校监狱(Les prisons-écoles) 收容民法上未成年人(二十一岁未满)而在刑法有责任能力(十六岁以上)刑期又在三月以上之少年人,若得司法部之特许,并得收容三十岁以下之犯罪人。其目的据迷克斯卜拉斯监狱典狱长特乃溜才(Delienneux)于一九二六年,在国际刑法会议,关于幼年犯罪问题之报告,认定百分之八十,由于社会病所产生,故学校监狱之责任,即幼年犯之父母所负之责任,必须代尽幼年犯父母之责任,教育社会基本分子,无愧幼年监所负之使命。目前比国学校监,共有两所:其一在刚城,为工业学校监(La prison école industrielle),建筑分为监房工场两部,用奥本制,有监房一百四十七间,工场有冶工、铁工、细木、鞋子、缝衣、订书、建筑、图样工等科,此外有教室、音乐室、讲演、图书、阴雨运动场之设备。其二在麦撒白尔斯(Merxplas),以农业为教育主旨,称曰农业学校监(La prison école agricole),与工业学校监,工作种类固不同,而其处遇方法则一致,人犯在初入三个月,称为入监检验期(Quarantaine d'entree),绝对分房,典狱长、教诲师、宗教师、监护人等,逐日访问,以察改造之所需。检验期满,根据结果,决定待遇之等级。共分观察级、恶劣级、良好级、优良级等四级。除观察级以三月为期外,其余各级,以因人之努力程途为依归,藉以鼓励其向上心,如达到优良级,确有生存能力,即可予以假释。

2. 国立教育所(Les établessements d'iducation de c'stat) 本所

收容十六岁以下之刑事无责任能力之幼年犯,因十六岁以上之幼年犯,已有学校监狱之收容。而是项之幼年,苟无适当之处置方法,则势必日趋于堕落之一途,实为社会基本之大损失。故比国于一九一二年五月有保护儿童律之颁行,又有儿童法庭之设立,法官系由比王任命心理学家及热心公益慈善之人担任。一面有男教育所、女教育所之分设,其处遇分三级:即可望改善、确能改善、已改善三级,各斟酌需要,而施以适当之教育。此外尚有病态儿童教育所之设立,除用教育方法,为道德之培养,并用医学方法,为病菌之扫除,此比国少年感化教育之设施也。

第七节　丹麦

丹麦于一八四六年,即公布法令,于监狱采用分房囚禁制,制分四级,各异其待遇,初级待遇极严,不许通信接见,不许工作阅书,自由完全剥夺,俟进至第四级,待遇甚为宽大,许其使用自备器具,许其阅读自备书籍,服役人犯,每月给四先令以下之工资,每六周并许其通信接见。惟待遇虽有阶级之别,而以其各级,均用分房(此与各国阶级制不同之点),故仍称为分房制。至一九三三年,新刑法颁行,死刑废止。自由刑范围,乃更扩大。关于自由刑执行之机关,通常分为两种:(一)收容刑期自三十日至无期徒刑之重罪犯〔即处泛其散耳(Fuengers)徒刑者〕。(二)收容刑期自七日至二年之轻罪犯〔即处海夫脱(Hueffer)徒刑者〕。至执行场所,凡处六月以下之泛其散耳徒刑及处海夫脱徒刑之犯,均在各地方之拘留所(Arrest house)执行,全国计共有九十余所,即在国都哥平哈根

(Gopenhagen)之四周,约有五十处之多。是项拘留所,经费归地方政府负担,行政由各地警务署监督,所谓地方监是也。其处六月以上之泛其散耳徒刑人犯,则归国家监狱执行。国家监狱,共有四所:一在哥平哈根,系女监,一在梵立特拔厘(Vridselille,去哥平哈根约十四基罗米)、一在泥保(Nyborg)、一在极脱来地(Jutila)之花而森斯(Horsens)。凡年龄较幼而恶性最浅之犯,送泥保监狱执行。较次者送梵立特散厘监狱执行,又送花而森斯监狱执行。所有监狱规则及其支配,均照司法部监狱总监所颁行之法令办理,此通常人犯执行之办法也。至于特殊之犯人之执行,则有下列之三种区别:

一 在十五岁至二十一岁之少年犯,系以教养(ungdoms faengsel)代行监禁。教养期间,不由法院判定,法律仅有一年至三年之限制,其责由教养机关,在范围内,酌察教养效果如何,而伸缩之也。

二 职业犯及习惯犯,法院得发交亚皮黑斯(Aibeijdhus,劳工殖民地)强迫作工。一九三四年,在极脱来地城内,征收广场一处,建有监狱,足容二百人强迫作工之用,如具有危险性者,并得发送雪构海佛领(Sikherhedsforvaring)监禁,上项监禁,于判决时亦无期间之规定,须视在监禁期中,所受感化程度深浅,再行决定之也。不过监禁期间,在亚皮黑斯规定一年至五年,在雪构海佛领通常四年至十年,但得延长至终身,如系二次判在雪构海佛领监禁者,则至少在八年以上。

三 精神病犯(Psychopaths)即心理陷缺,及因精神病态而犯罪者,法院可将此项犯人送至特别处所,或精神病监。此等处所,皆有医学之相当设备,盖以治疗为主也,凡非刑罚力量可及之精神病犯人，法院分别送至上述处所，予以治疗，并无期间之判定，近年并于梵立特散厘附近，特设有机关一处，内分两部：一为不定期之特殊监禁；一为精神病监，至于劳役自一九一三年以来，即实行所谓雷其制度（Regie system），所有工犯，视同国家劳工，依照工作成绩，酌给工资。以卫生论，每监狱内皆有永久之医学设备，至于国家监狱，且有适宜之体育练习，有依科学配合之蔬菜，于犯人健康，可谓维护周至。

至于全国刑罚机关之行政，皆由司法部监狱总监管辖，已收统一之效，并随时派员赴各处视察，极注意行政设施，及其待遇问题，此丹麦现在狱制之概况也。

第八节　捷克斯拉夫

捷克为欧战后中欧新兴国最繁荣最进步之邦。考其原因：一由政府组织多属贤才〔一九二〇年，选举大学教授马萨利克（Masarrik）为总统〕；一由土地改革之功绩（从前只有数百个大地主，自经一九一九年至一九二六年之改革，现有五十万以上之耕者有其田之农民）。既得人才及经济之优越地位，故凡政治一切之设施，莫不大著成效。即以行刑制度论，其组织处遇给养等，各有相当之努力，兹分为八项，述之于次：

甲　监狱之种类

一　国家监狱计有六处　系收容一年以上至无期徒刑之犯

人,分为四类如下:(1)专为收容初犯或其他并非难于感化者,计有二处。(2)专收容难于感化或性质恶劣之犯人,亦有二处。(3)专为收容恶病(注重传染病)及残废之犯人者一处。(4)另有一处系女监,专为收容女犯,并划一部分为收容少年女犯之用。

二　男感化院计有二处　一为密古拉之感化院,专为收容年龄在二十岁以下之少年犯,其刑期在六月以上者;另一为哥夕施之国立感化院,其中分为二部:一部分为收容刑期在六月以上之刑事少年犯,一部分为收容少年道德堕落或缺陷者。

三　立保罗特别刑务所　专为收容已越刑期三分之二之长期刑犯,而其行为优良,适合假释,但未完满法定之其他条件者。

四　各郡法院管辖下之监狱　此项监狱,共有三十七处,专为收容未决犯及已决犯之刑期在一年以上者。监内对于男女之界限绝对隔离,并收容未成年与已成年之未决犯。此种监狱,以拍拉遇刑事法院管辖下之一处最大,能容八百人犯,且其中设有专供女犯之儿女居住部,监内有医生及看护妇,专司治疗疾病。

五　地方法院管辖下之监狱　此项监狱,计有三百七十九处,专为收容已未决人犯而其刑期在十二小时以上者。

乙　监狱官之任用

普通官为法科学生兼长监狱知识者,或由监狱与犯罪学研究所毕业者,其中亦有少数监狱长官,来自普通社会学科而有特殊之监狱或犯罪学知识者。此外如医官、教师、宗教师等,皆为专门人员,由国家聘任者。

至典狱长或感化院长及其他长官,必须由监狱与犯罪学研究所毕业,经修各种专门学科者,此种专门学科:包括理论与实用知识两方面,其最后三个月,则在监狱内实习,并举行正式之考试。其官级分为正典狱长、副典狱长及各主任长官,新任职员,最初皆延聘为助理,在二星期内,如不合用,即须退职,至于正式任用,须满足法定条件之后。

至其他职员,普通新式监狱犯人,如在四百五十至五百者,依照狱规,须有八个主任看守长,又办事人员、巡察员、医生、教师、宗教师(即我国之教诲师)数人,与八十至一百戒护人员看守。

郡监狱分为三种:第一种为犯人在二百以上者,有官员二人,巡察官一人。第二种为犯人在一百二十至二百之间者,有官员一人,及巡察员一人。第三种为犯人在一百二十以下者,有巡察员一人,统理一切事务。至于戒护人员,则视事实上之需要而定,普通每八个犯人,一戒护人员。地方监狱,乃直接由地方法院之官员,负责管理一切,其戒护人员,亦由法院院长指派。

丙 人犯之动作

监犯应于六时起身,六时半早餐,七时至十一时半工作,午餐后休息一小时,下午一时至五时半继续工作,晚餐后休息,九时入睡,每日之实际工作为八小时,另外一小时为教育,夜工与延长至九时半入睡之建议,现正在考虑中。

丁 人犯惩戒

监狱对于违犯监内纪律者之惩戒,分为下列数种:(一)训诫。

(二)作苦工。(三)剥夺娱乐与进级。(四)停止给予面包与水〔面包与水,只是食料中之重要部分,并非完全断食〕。此种惩戒,在普通监狱,每星期不能越三次,在郡与地方监狱,每星期不能越二次,并不能连续执行。(五)硬板床。此种惩罚,在普通监狱每星期不能越三次,郡与地方监狱,每星期不能越二次,亦不能连续执行。(六)独居监禁。此种惩罚,在普通监狱,其期间不能越三十日,在其他监狱,不能越二星期,并不能连续执行。(七)暗室。在普通监狱,其期间不能越三日,在其他监狱,其期间不能越二十四小时,并须于停止后一星期,始可再度执行。此种暗室之惩罚,每年总计不能越三十日,在郡与地方监狱,每年总计不能越十日。(八)降级。

肉体惩罚,则绝对禁止,惟在哥夕施感化院中,对于少年犯违背纪律者,如获得其父母之许可,可由长官监督执行之(肉体惩罚之最普通方法,为笞责)。

戊　申诉程序

犯人对于监狱长官之处置,如有不服,可向地方或郡法庭伸诉,在普通之监狱(即直属于中央政府者),可向司法部之视察员伸诉。监狱如有请求或控告事件,可呈交司法部或交由视察员转达。各监狱内均有代表人民之监察员,随时视察监狱,无需告知监狱或请求监狱长官之许可,视察员可自由听取监犯之伸诉,转达司法部。

己　给养情形

监内食物之质量,均由医官监督之,犯人日常之食量,普通每日为面包六百格兰姆,工作较重者,得增至七百五十格兰姆,早餐为汤(星期日则为咖啡、茶或牛奶),午餐为汤与青菜,肉食每星期二次(约一百四十格兰姆),晚餐为蔬菜,但在夏天,则以汤代替之。病犯之食品,全由医官支配,并可取得额外之牛奶、肉及面包等物。犯人可将其所护工资或积蓄之一半,自购食物,但须依照特别规定之法则,郡监狱之囚粮与普通监狱同,惟面包每日只给四百格兰姆,在地方监狱之面包供给与郡监狱同,惟肉食每星期只许一次。至政治犯,准许自备衣被、食品等,及延长散步与运动之时间。

庚　作业状况

监内之犯人,皆须一律工作,惟政治犯则不在此例。犯人之有专长技能或职业者,则予以所专长之工作,缺乏专长技能者,则授以工作技能之训练,使其于出狱后,可谋职业,以维持生活。监内之工作,除杂务外(即在厨房、洗衣房、机械室扫地等工作)。设有各种手工,并聘专门人才指导之,此类手工,包括缝纫、木工、织补、订书、印刷等,为使监内手工不与监外自由工人竞争计,所有出产数量,均有相当之限制。在两感化院内之少年男犯,对于工作,设有专门课程,并举行考试,其内容与普通工业学校相似。监狱内之老年犯与低能犯,则与以简单之工作,并使与普通监犯隔离。

较大之监狱,设有农场,与犯人以耕种之工作,尤其是来自乡村之犯人，最称适宜。其间有以监犯耕种，作私人之田地而收工资者，但其工作范围，须不妨及自由农民。

犯人所获工资之一部分，须充公用，一部分则由犯人收存，犯人可将其收存工资之一半，自由使用，或寄交家庭收用，另一半之工资，则须蓄存，以备期满出狱时取用。

辛　教诲教育之设施

监狱之教师、宗教师与医生，在普通监狱，乃为长期专任人员，在郡与地方之监狱，则多为短期之兼任者。其宗旨为唤起犯人之悔悟，遵守纪律，增进道德观念，及智能等。除普通学校课程外，在星期日或假日，则有公开演讲及影画剧等，监内设有图书馆，备有各种有益于身心之书籍，供犯人之阅读，其中有歌剧团或音乐队之组织者，成效至为卓著。监内设有新闻组，发行周刊，登载有益于犯人之新闻及文章，所有关于文化经济政治小说工作报告等，无不应有尽有。对于宗教之集会与祈祷，则由宗教师领导，许犯人随意参加，惟少年犯则强迫其加入，犯人信仰别种宗教者，如在十人以上，即可由监狱聘请宗教师入监执行领导之职。监内医生，除治疗疾病及监督囚粮外，并管理监内卫生事务，同时讲演生理与精神卫生之常识，监内设有健身房一所，专供运动之用。普通监狱，设有疗养院及药房，并附设浴室，供犯人洗身，康健之犯人，每星期至少须洗足一次，浴身则每月至少一次，病犯之洗浴，则由医生支配。

第九节　荷兰

荷兰在各国中,可谓狱制改良之先觉。即以改良狱制首倡于世之约翰·哈华特氏,亦得力于荷兰之狱制者甚多。自一七九八年巴达维亚共和国成立后,制定新刑法,而狱制改良,益得确实之保障,考其根本之主义有三:(1)须使幼年者习于勤劳。(2)罪囚宜导以劳动教养方法而感化之。(3)凡行状善良之囚犯,则缩短刑期,以资奖励。此项主义,至今仍为改良监狱之原则,不幸遭拿破仑之蹂躏,国权隶属于法国政治之下。而刑事制度,亦为科特彼拿法典所束缚,遂致蹉跌。至一八一三年独立恢复后,始得回复其固有之主义焉。

荷兰于一八八一年所发布之刑法,其时堪称为世界最完满之刑事法典,当此草案制成之初(一八二五年),因刑法学者万剔克斯氏质问政府现今之狱制,足以适用此刑法否? 政府悟氏真意,乃详查监狱设备,多未完善,恐难奏成效,乃暂行停止发布,而以全力倾注于监狱之改革,历五十余年之久始改革事毕,乃颁布之。但虽经颁布,而其实行之期,仍在五年以后(即一八八六年)。其间五年,为编纂监狱法之期,并于一八八六年以敕令制定监狱法旋行细则,使与刑法同时施行,故其刑法与行刑法,乃能融和一贯,而不相背。为行分房拘禁制度计,法律付法官以附带宣告分房监禁期间之权。

荷兰刑法主刑有三:(1)禁锢〔分无期有期二种,有期自一日至十五年〕。(2)拘留。(3)罚金。其监狱之行政管辖权,与比国同,均属司法大臣。每监各置监督委员一员,监督指挥各监之典狱长。

其监狱种类,分为:(1)禁锢监,凡普通法院及军事法院,所宣告之禁锢刑,皆执行于此监,分房杂居并用。(2)检束监及(3)拘留监,执行拘留刑人犯,不限于分房。至囚人之处遇法,亦采阶级制,分为惩戒级、累犯级及普通级三级,每级又有上中下三小级之别。近并设户外监狱,施行以来,成效亦著,故狱制改良之先进地位,仍得保持焉。

第十节 日本

日本维新以前之监狱,采用我国唐代制度,设左狱、右狱于东西两京。男女之界甚严,每依犯罪之轻重,人之身分,而别其待遇。给养虽未可以言优厚,而米粮足以充饥,衣服尚可御寒,且夏令给以席扇,疾病施以医药,狱舍修理,拨用赃款,杻枷洗涤,规有定期,此盖受我国文化之润泽所致,与欧洲古代之监狱较,尚胜一筹也。不过待遇,于平民则残酷,于华贵则宽大,甚失公平之道。

明治维新,锐意革新,朝野上下,莫不深惧领事裁判权之足以亡国,而欧美人又每借口于监狱之不改良,不允撤废,知欲取消不平等条约,撤废领事裁判权,则非先改良监狱不可。明治二年(1868年),乃设囚狱司于刑部,力事革除旧习,以为改良之着手。四年(1870年)改刑部为司法省,时有美人多克花耳白里者,指摘日本监狱弊害,陈说当道,大为感动,乃派囚狱司权正小原重哉赴东亚英领各地(香港、新加坡等),调查狱刑,归国后,始有监狱规则及建筑图式之颁布。明治五年,并派员分赴欧美,考察狱制,以资取法。终以刑法主义,未经革新,及经费归地方支拨之故,十余年间,障害迭生。无甚成效,幸遇实施宪政及改正条约机会,鉴于文明各邦大势,以改良监狱,非才莫举,乃有监狱学校之设立,及监狱评议委员会之组织。二十三年(1890年),又设狱官训练所于东京,骋德国监狱专家丰硕巴哈为教员,集合全国狱员于一堂,互相研究。其时监狱法,尚未完备,因以德意志监狱法为标准,乃有第二次之修正。未几,刑法名家刚田,监狱学名家小河滋次郎(即我国前清监狱律草案起草者),同时崛起,自是刑法与行刑制度之著述渐富,理论愈新矣。政府复派小河氏出席第五次万国监狱会议,使报告监狱改良现状及沿革,并调查各国狱制详情,遂引起国际注意。又任小河为司法省监狱事务官,故其平生研究所得,得以见诸事实,因之全国监狱,建筑管理,为之一新,观日之丰多摩监狱,其阶级制组织之完备,处遇之渐进,记点之审慎,及出监入监之感想记录,独居监房之访问等办法,已足与英之爱尔兰制、瑞士之铿孚制,并驾齐驱矣。

　　欧战以后,世界典章文物,日新月异,日本以行刑制度,既已改善,则行刑机关之名称,自应含有改善或刑事意义,方符名实,不宜仍称为监狱,遂改称全国监狱为刑务所,司法省之监狱局,为行刑局。考近年刑务所规模宏大者,首推东京市外之府中刑务所,建筑费达三百万元,收容人犯至三千余人之多。此外小菅刑务所,小田原之少年刑务所等,亦均建筑壮丽,工场广大,教养完备。吾人咸知美国监狱自治同盟之组织,早树先声,然日之久留米、小田原、冈崎等监狱,自治制亦在实验之中。又少年犯罪,为现代全世界感觉最难处置之问题,而日本于此项问题,早有精密之研究,相当之努力,故少年审判所法,矫正院法,感化院法,前后颁行,复设有多数矫正院、感化院,为收容少年犯罪及不良少年之机关,予以种种感化、矫正之机会。如纪律之陶养,身心之锻炼,理智之灌输,技能之练习,皆所以勖勉其向善,为将来社会之助。此种刑事制度之突飞猛进,诚有一日千里之势,值得吾人注意与羡慕者也。

第四章　我国狱制沿革及改良情形

第一节　狱制沿革

我国监狱,始于夏,夏以前,虽有皋陶造狱之说(见《广韵三烛》),然所造何狱,史无可稽。查虞制五刑,为墨、劓、剕(又称刖)、宫、大辟,除大辟系生命刑外,余皆为残毁身体之刑,并无禁锢规定。故今姑自夏始,至清季变法止,分为三期,述之于次:

第一款　夏商周时代

考夏代监狱,称为夏台(见《水经注》及《续博物志》),为帝癸二十二年桀拘汤之所(《竹书纪年》,帝癸二十二年,商侯履来朝,命囚履于夏台,又见《风俗通》)。又有均台之称(《礼记》正文焦乔曰:"夏曰:均台独断,言狱之别名")。殷改称为羑里(见《续博物志》),为帝章二十三年纣囚文王之所(《史记》殷本纪,纣囚西伯于羑里。又《竹书纪年》帝章二十三年,纣囚西伯于羑里。又《续博物志》及《通鉴》所载均同)。降及成周,则有灵台之狱(《竹书纪年》四十年,周作灵台)。为秦伯留置晋侯之地(《左传》,秦伯获晋侯以归,乃舍诸灵台)。又有圜土,系帝芬三十六年所建之狱(《竹书纪年》,夏帝芬三十六年作圜土,《礼记》焦乔注,周曰圜土)。又有囹圄(见《风俗通考》及《玉篇》),其时监狱命名之意,曰台,言若游观之台,曰里,言若闾里,曰囹圄,囹、令也,圄、举也,言令人幽闭思愆改过为善之处。《尚书》曰:"明于五刑,以弼五教",又曰:"刑期于无刑"。《吕刑》曰:"士制百姓于刑之中,以教只德"。足见当世之刑罚及行刑之制,皆寓有保全廉耻及感化改善之旨,非所以威民。与近代东西各国刑事制度所采之最新主义,适相吻合,不意远在四千余年前之我国,已有如此之伟大创造也。至各地方之狱,有曰犴者,曰岸者(《犴狱》诗"哀我填寡,宜岸宜狱"。《小雅·小宛》,毛注,岸,亦狱也。韩诗"乡亭之系,曰犴、朝廷曰狱")。曰嘉石者(《周礼·秋官·大司寇》"凡万民之有罪过,而未丽于法,而有害于州里者,桎梏而坐诸嘉石")。此或为妨害社会安宁秩序情节较轻之犯人拘禁之处,与今日之犯违警律者,处以拘留之意相似。况其时每就犯罪之多寡,观政治之隆替,《管子·五辅篇》云:"善为政者,仓廪实,而囹圄空,不善为政者,仓廪虚,而囹圄实"。尤与近世法人义佐氏所言:"欲知一国之文野,当视狱制之良否"之说,如出一辙。又考我国文物典章,传至成周,即已灿然大备,行刑制度,亦同时进化,读《周礼·秋官·大司寇》"以圜土聚教罢民,凡害人者,寅之圜土而施以职事焉,以明刑耻之,其能改过者,反于国中,不齿五年,其不能改而出于圜土者,杀"。一节,即可知其梗概。郑康成注曰:"聚教罢民其中,困苦以教之为善也"。郑锷注曰:"天之体曰圜,而大德曰生,狱城圜,主于仁而已,民之不善,有致死之道,圣人之心,常欲生之"。又郑康成注"施职事"三字,"谓为役使其所能",邱浚注谓:"夜则禁之,使困其心,日则使之困苦其身"。此与现今刑法所采劳役主义,利用拘禁期间,养成犯罪者之生活技能劳动习惯,同一意旨也,"其能改者,反于圜中者"一节,与现制对于悛悔有据行状善良,予以假释之办法相同。"其不能改,而出于圜土者杀"一节,此与近代德、俄等国于恶性已深无悛改希望之习惯犯、职业犯特别加重处罚之意又同。此种美意良法,东西各邦,号称文明,尚不知经几许法学家之实验,费几许学者之思想,方有今日之实现。而我国当成周之世,古圣先哲,已能创造极完美之制,诚历史上关于狱政最光荣之一页也。

第二款 秦汉至六朝时代

洎乎始皇,本李悝商鞅之说,立法严刻,刑尚残酷,"偶语诗书者弃市,以古非今者族"。二世继位,为法益苛,所谓凿顶、抽胁、镬烹、车裂、枭首种种惨酷,绝无人道之刑,皆秦为之厉阶。盖刑罚采纯粹之威吓,"欲使天下知之以惩后"(始皇三十五年,自除犯禁四百六十余人,皆坑之咸阳,使天下知之以惩后)。致三代圣主之良善狱制,一变而为专制帝王摧残庶民工具。考《能书录》始皇囚程邈于云阳狱,程在狱有不胜其苦之叹。又史载二世下李斯于狱,拘执束缚,榜掠千余,竟自诬服,其惨可知。夫法网愈严密,则愈易触犯,故始皇三十五年,发配隐宫徒刑犯人,分作阿房宫骊山之役,有七十万人之多。史载当时"赭衣塞路""囹圄成市",虽其狱制详情,无典籍足供稽考,而观上述各点,及读汉路温舒《尚德缓刑书》,称"治狱之吏,为秦十失之一"。揭秦代狱制之腐败黑暗,与夫犯罪众多,足征其梗概矣。汉代(高祖)初兴,与民更始,除秦苛繁,约法三章(杀人者死,伤人及盗抵罪)。及天下既定,始命叔孙通起朝仪,继命萧何次律令,而皆撼取秦法,因时损益而已。故其时生命刑有枭首、要斩、弃市之别,身体刑有宫、髌、劓、刖之别,劳役刑(又称作刑)有髡、钳为城旦、为舂、完城旦、完舂、鬼薪、白粲、司寇作、罚作等之别,财产刑有赎金、罚金之别,自由刑则有禁锢之规定,刑名种类繁多。而自由刑,则仅有禁锢一种,其禁锢机关,有中都官狱二十六所:(一)廷尉诏狱(《周勃传》"诣廷尉诏狱")。(二)上林诏狱(《成帝本纪》"罪上林治狱,治苑中兽官")。(三)郡邸狱(《宣帝本纪》"曾孙生收郡邸狱,治天下郡国工计者")。(四)掖廷秘狱("刘辅系掖廷秘狱")。(五)共工狱(《刘辅传》"徙系共工狱")。(六)保宫("李陵母系保官")。(七)请室(《袁盎传》"绛侯反系请室")。(八)暴室(《宣帝本纪》"暴室,宫人狱")。(九)若卢诏狱("王裔诣若卢诏狱")。(十)左右都司空狱("窦婴劾系都司空"。又《任被传》"为左右都司空诏狱书")。(十一)居室(《灌夫传》"劾夫系居室")。(十二)内官(《东方朔传》"昭平居系内官")。此外尚有导官、都船、寺互、别火、太子家令、京兆、未央厩、北军、东市、西市,凡可考者计二十二所。当时狱吏极尽横暴,周勃曰:"今日乃知狱吏之贵"。太史公曰:"见狱吏则头抢地,视徒隶则心惕息",可想而知。再观太史公报任安书所云:"画地为牢,势不可入,削木为吏,议不可对"。又曰:"交手足,受木索,暴肌肤,受榜箠,幽于圜墙之中"。狱中惨状,言之更详尽。惟景帝为政仁惠,体恤罪囚,曾有对于八十以上八岁以下及孕妇之类,应予宽缓囚禁之治。后汉狱政,渐趋简略,和帝时乃复有黄门北市狱、都内请狱之设置。余若尹赏之虎穴,东汉之阴狱,则更惨无人道。迄晋,太康初虽先后置有黄门狱、长沙狱,而征之晋代谚云:"廷尉狱,平如砥,有钱生,无钱死"。其狱吏之贪污黑暗可想而知,六朝梁天监中,初立诏狱建康县为南狱,廷尉寺为北狱,陈因之。至北齐天宝时，竟有地牢之称，则惨酷益甚也。

第三款　唐宋至清末时代

唐代肇兴，中央监初置于御史台，后改归大理寺，有大理狱，武后时有羽林狱，长寿年又设狱于丽景门，为重罪囚禁之所，入是狱者，非死不出，故当时人民咸戏呼为例禁门。其他京兆及河南有狱，长安、万年、洛阳诸县有狱，凡州府县各置典狱，上州十四人，以下递减之，颁有《狱官令》一篇，凡囚加杻校，皆从罪之轻重有差，狱舍男女有别，五日一虑囚，每月一沐浴，夏给浆饮，疾病给医药，病重者得释械，每岁正月刑部遣使巡检，囚杻校粮饷，不如法者治之。考《唐律》本为后代所取法。高宗时诏长孙无忌等，撰《律疏》三十卷，即今之所谓《唐律疏义》，刑用笞（十至五十），杖（六十至一百），徒（一年至三年），流（二千里至三千里），死（斩绞）五刑，刑名简单，不尚苛繁。为东方最有价值之法典，日本维新以前，即采用《唐律》，狱制亦较光明。五代宋辽之刑，多本唐制，惟以辽代为酷，死刑斩绞之外，又有车裂、炮、烙之制。至宋时禁锢机关，为御史台，开宝二年，上以暑气太盛，诏两京诸州，令长吏督掌狱椽，五日一巡视，洒扫狱户，洗涤枷杻，贫者给以饮食，病者予以医药，小罪即时决遣，不许淹滞。维熙元年，令诸州十日一具囚账，报告所犯罪名，系禁日数，并使刑部，随时纠举，又遣殿中侍御史，于诸州视审狱吏之弛急，并命御史亲自决狱。迨至淳化，狱政益进，诸路有病囚院（病监）之设，为犯人治疗之所，复置提典刑狱司，为督察州府狱政之官，令十日一报囚账，有疑狱则往视之，州县稽留不决或听谳不实者，则使刻奏。迨崇宁三年，从蔡京之请，仿《周官》司圜之法，令诸州筑圜土，以禁强盗贷死者，昼使役作，夜则居之，视罪之轻重，限羁禁之久近。所惜行之两次（崇宁中行之二年而罢，大观元年行之四年，又罢）。未逾十年而废，故无成效之可言。其后高宗中兴，及景定四年，有令州县狱犴。不得辄为非刑，威私自系囚之诏，足见法外之刑，尚未能免也。辽元之间，刑典多本于唐，狱制大抵亦同，无多表见。

降至有明，刑罚仍以五刑为主，其间虽有剁指、断足、挑筋以及夷三族、九族之惨刑，然皆法外所施，非原来之所制定也。其监狱属刑部，置司狱司六人，都察院司狱司司狱一人，外省提刑按察司司狱一人，各县亦有司狱司。凡禁系囚徒，分别男女，及年七十以上，十五以下，废疾轻重，勿混杂，俨然一分类杂居制也。至于枷杻洗涤有常，席荐铺置有序，各设暖匣，夏备凉浆，贫者日给仓米一升，寒给絮衣一件，夜有灯油，病有医药，严禁狱卒虐待，狱官不时视察，病囚许家属入视，笞罪以下，病重并许保医治，此与近代监狱待遇人犯办法，亦颇相近似。惟当时狱司，于上项法令，未能一律奉行。周琅云："奸吏悍卒，倚狱为市，或扼其饮食以困之，或徙之秽溷以苦之，备诸痛楚，十难一生"（见明《刑法志》）。观此足见事实与法度不相契合也。

清初监狱，一本明制，不过因其时司法行政混合，监狱除司监属臬司外，余皆成为行政衙门之附属物，全国有二千余处之多，无种类之分，无轻重之别，咸拘于一狱之内，惟司监属臬司，专拘禁秋审人犯及其他要犯，以次府有府监，州有州监，厅有厅监，县有县监，此皆地方监也。属于中央者，有刑部监，属刑部管，分南北两监。关于监狱整饬方面，顺治八年，曾谕刑部，通饬京内外，各察各监犯有无罪干牵连者，即日释放。乾隆五年又谕各监，每有佐证未齐,或事涉牵连。因系不释者,致狭隘拥挤,疾病传染,死亡继之,着各严饬清厘,是于狱政,亦颇注意焉。至于狱官,有有狱官与管狱官之分别,有狱官,京内为刑部提牢司员,京外为按察使。知府及州厅县官等,有监督监狱之权责,不负管理之任。管狱官,京内为刑部司狱,京外为按司狱、府司狱、吏目、典史等,为管理监狱之官,各有专责。关于囚犯逃越缉捕等,法律皆有明文规定。但其负责至重,而地位至低,俸至薄,故稍有抱负者,每不屑就,就者,上焉者不过勤谨防守,不事需索,求免处分而已。至于给养、纪律、卫生、清洁、服役等,并不知其为何事,安有进步改良之可言。下焉者,则贪污残虐,无所不至,"人必自侮,而后人侮之"当世人士鄙视狱官,盖亦有由来矣。

第二节　改良情形

第一款　清末时期

在十九世纪,正各国法制发荣滋长之际,而我国当时司法与行刑制度,尚系沿用《唐律》,其间不无斟酌损益,而其陈腐落伍,要属无可讳言,兼以国势衰弱,外交失败,致为列强籍口,故八十余年来,有领事裁判权、不平等条约之羁绊。逊清末叶,显士大夫,有见及此,始倡改良司法监狱之议。光绪二十八年(1902年),山西巡抚赵尔巽(1844—1927)奏准各处通设罪犯习艺所,收军流徒等罪犯,入所习艺,于是京内外习艺所相继成立,或特建场所,或就庙宇仓廒改设。在京都有顺天习艺所之设立,即今河北第二监狱之地址,其构造组织及一切设备,于监狱学理,虽未尽合,而我国囚犯,得有职业之训练,此为嚆矢。复以改良司法监狱,当先造就人才,光绪三十一年(1905年),乃创办京师法律学堂,并附设监狱专修科聘请日本冈田朝太郎,掌教刑律,小河滋次郎,主讲监狱学,此为我国法律监狱学校之创始。并由小河氏起草《监狱律草案》,凡二百四十条。改良监狱,以改良建筑为根本问题,非徒托空言,所能收效。其时各处监狱,尚为无限制之杂居,诸凡仍旧,而《监狱律草案》系以分房拘禁为原则,法理事实,不相符合,故小河草案,当时未能实行。惟民国二年(1912年)颁布之《监狱规则》,即就小河氏之原案酌加删改而成者。其后各监狱学校监狱法课程,亦多以此项草案,为教授蓝本。宣统初年(1909年),法部大臣沈家本(1840—1913),以各省迭经奏催先就各省会建设模范监狱,彼时又届第二年宪政期限,人心风会之所趋,咸以司法为三权鼎足之一,而司法复以狱制关系特重,京师为各方荟萃之所,万国观瞻所系,乃奏准设立京师模范监狱(即现在河北第一监狱),一切仿各国最新办法,建筑图式,亦为小河氏所规画,用双扇面形,各分五翼,有昼夜分房,夜间分房,杂居之分别,除正式监房外,并划设幼年监(当时以款绌未及建筑),病监等,占地东西九十一丈,南北一百丈,建筑费银二十三万余两,在当时不可谓非伟大建筑,其制度尤为新异。宣统二年,华盛顿举行国际监狱会议,派许世英、徐谦代表出席。两氏在会中感受刺激不少,归国后奏请改良监狱,并派员出国学习刑律,考查狱政,以资借鉴,其时奉天、湖北、两江、云、贵、广西等省,亦已次第筹设监狱,且奉天已先试办,称为奉天模范监狱(即九一八前之辽宁第一监狱),派萧仲祈(即法政粹篇中之监狱学主编者,湘人),为典狱长,其组织仿日本制度,分三课两所(与现制略同)。未几武汉首义,清室倾覆,在革命军事时期,一切改弦更张,监狱进行,遂归停顿,此我国监狱改良之第一时期也。

第二款 民国成立北京政府时期

我国监狱改良之议,本倡于清末,武昌起义,民国肇造,根据《临时约法》,改法部为司法部,典狱司为监狱司,任许世英为司法部长。氏虽怀有改进司法革新狱制之伟大计划,惜以种种关系,未尽能见诸事实耳,复任田荆华(日本警监学校毕业)为监狱司长,掌理全国狱政。元年(1911年)颁布《暂行新刑律》,规定自由刑为徒刑、拘役两种,皆采劳役制,并有假释之规定。十一月就京师模范监狱,开办北京监狱,任王元增(1879—1963,即现任监狱司长)为典狱长,一切设备渐新,数千年罪犯桎梏囚禁之处,一变为实施教养之所,惜乎仅限于京师狱制耳,自后关于监狱各种法规,大概由王氏手订,先就该监试行,再行颁布。兹将北京政府时期内所颁布关于监狱之各项法规略述于下:(1)为确定监狱组织起见,颁行《监狱处务规则》。(2)订定监狱建筑图式,使改良监狱之基础,得以稳固。(3)公布《监狱专科学校规程》,各省根据是项规程,开办监狱学校或附设监狱专科者,计有十余处之多,于是监狱人才,称一时之盛。(4)《看守所暂行规则》,以看守所专为刑事被告人羁押之所,自是刑事被告人与判受徒刑者始分别拘禁矣。(5)为监督及约束被假释人行动计,又订《假释管理规则》。(6)为促出狱人保护事业发达及为刑余之人谋身分生活保障计,又订《出狱人保护事业奖励规则》。(7)监狱革新伊始,因委托法院监督之故,法院多视监狱为其附属机关,以监狱官为其僚属,此种观念,颇足影响狱务进行,乃颁布《监狱官制》,以专责职,而明系统。(8)各种法规之最重要而有价值者,为《监狱规则》,依本规则,各徒刑监、拘役监、幼年监、女监等,在同一区域内,应严分界限。为谋受刑者精神身体健全计,关于给养,有相当衣被、饮食、医药之规定,关于卫生,有沐浴、运动、作、息等时间次数之规定,为注重德智之灌输,有教诲教育之规定,为贯彻劳役之旨,有作业之规定,于是我国监狱法典规模大备矣。(9)三年(1914年)又订《监狱报告规则》,乃谋监狱行政之考核及统计之精确计也。(10)订《管收民事被告暂行章程》,设管收所专收民事被告人,使民事刑事被告人无混同杂处之弊。(11)八年(1919年)为增加监狱人员办事经验计,颁《监狱官练习规则》,并指定京师第一监狱,为练习机关。(12)为谋作业进展计,九年(1920年)订《作业规则》。(13)因感其时人犯拥挤,又订《监犯保释暂行条例》。(14)以看守负直接管理之责,苟无相当知识与品格,难收臂助之效,乃订《看守练习规则》。(15)十三年(1924年)京师有感化学校之设立,通令各省监幼年人犯,送京受感化教育,此为我国感化教育实施之始。曾订实施《教育计划》。

　　至于监狱之设立,先有保定清宛监狱之成立(现河北第四监狱),适宛平监狱,从新建造工竣,遂改北京监狱为京师第一监狱,宛平监狱为京师第二监狱,清宛为京师第三监狱,并简派各监典狱长,归司法部直辖,同时将各省新监原以地名冠称者,除省会新监改称为某省第一监狱,余皆按成立次第,改为第二、第三等监狱。十年(1921年)收回中东铁路线内之俄国监狱,改为哈尔滨特区监狱,一切施用我国法令,此为我国监狱因条约关系归外人办理收回自管之始。十一年(1922年)京师第一监狱,推广监房,实行昼夜分房制,由哈尔滨特区监狱,拨俄犯六十名,移京执行,此为我国监狱收容外人之始。十三年（1924年）收回领事裁判权之议大倡，各条约关系国，仍借口司法监狱之未尽善，司法部乃请令各省财政厅拨款，实行改进计划，以期领事裁判权得早收回，一时各监大加整饬，焕然一新，故十五年（1926年）法权委员会，调查各省埠新监，并无何项不满之表示。只以经费为事业之母，改良监狱，如建筑给养种种，非钱莫举，绝非空言所可济事，民国成立以来，内战频仍，军费浩大，库款空虚，一切经费，日趋拮据，甚至人犯囚粮，看守工资，尚时有积欠，现状已难维持，建设当更困难，狱政进行，不免大受影响。至十五年，革命军兴，两年之间，各省皆忙于军事，一时狱政不遑顾及，总计在北京政府时期，除旧监在交通便利之处，逐渐整理，不无相当成绩外，全国新监成立至八十处，表列于后，亦可见北京政府时期改良监狱之一般。

北京政府设立各省新监狱分监一览表

1925年调查法权委员会报告书第二编附表

监　名	地　点	人　数
京师第一监狱	北平南下洼	一、〇〇〇
京师第二监狱	北平德胜门外功德林	七〇〇
京师第一分监	北平彰仪门外	二五〇
京师第二分监	涿州	一五〇
直隶第一监狱	天津	五〇〇
直隶第二监狱	万全县	三〇〇
天津分监	天津	七〇〇
保定分监	保定	二〇〇
奉天第一监狱	沈阳	一、〇〇〇
奉天第二监狱	辽阳	五〇〇

续表

监　名	地　点	人　数
奉天第三监狱	铁岭	四〇〇
奉天第四监狱	营口	四〇〇
奉天第五监狱	昌□	三〇〇
奉天第六监狱	锦县	一〇〇
奉天第七监狱	安东	二〇〇
奉天第八监狱	海龙	一〇〇
奉天第九监狱	洮南	一〇〇
奉天第十监狱	辽源	三〇〇
奉天第十一监狱	西安	一〇〇
奉天第十二监狱	复县	三〇〇
奉天第十三监狱	新民	三〇〇
奉天第十四监狱	兴京	三〇〇
吉林第一监狱	吉林	五〇〇
吉林第二监狱	长春	五〇〇
吉林第三监狱	哈尔滨	五〇〇
黑龙江第一监狱	龙江	三〇〇
山东第一监狱	济南普利门外	五〇〇
山东第二监狱	烟台	五〇〇
山东第三监狱	济宁	三〇〇
山东第四监狱	益都	三〇〇
山东第五监狱	济南	未详
山东第六监狱	青岛李村	一〇〇
河南第一监狱	开封	三〇〇
河南第一分监	开封	一〇〇

续表

监　名	地　点	人　数
洛阳监狱	洛阳	未详
山西第一监狱	太原	一、〇〇〇
山西第二监狱	河东运城	三〇〇
山西第三监狱	大同	三〇〇
山西第四监狱	太谷	三〇〇
山西第五监狱	汾阳	五〇〇
江苏第一监狱	南京大石桥	八〇〇
江苏第二监狱	上海漕河泾	八〇〇
江苏第三监狱	苏州小柳贞巷	五〇〇
江苏第三分监	苏州司前街	三〇〇
江苏第四监狱	南通县	三〇〇
安徽第一监狱	安庆	三〇〇
安徽第一分监	安庆	三〇〇
安徽第二监狱	芜湖	三〇〇
安徽第三监狱	阜阳	三〇〇
江西第一监狱	南昌	五〇〇
江西第一分监	南昌	二〇〇
江西第二监狱	九江	三〇〇
浙江第一监狱	杭州	五〇〇
浙江第二监狱	宁波	五〇〇
浙江第三监狱	嘉兴	三〇〇
浙江第四监狱	永嘉	三〇〇
福建第一监狱	福州	三〇〇
福建第一分监	福州	二〇〇

续表

监　名	地　点	人　数
福建第二监狱	漳州	三〇〇
湖北第一监狱	武昌	五〇〇
湖北第一分监	武昌	三〇〇
湖北第二分监	宜昌	二〇〇
陕西第一监狱	西安	三〇〇
陕西第二监狱	南郑	二〇〇
陕西第三监狱	榆林	二〇〇
陕西第四监狱	安康	二〇〇
陕西第五监狱	凤翔	二〇〇
陕西第六监狱	乾县	二〇〇
甘肃第一监狱	兰州	三〇〇
甘肃第二监狱	武威	三〇〇
云南第一监狱	昆明	三〇〇
贵州第一监狱	贵阳	三〇〇
贵州第二监狱	镇远	三〇〇
广西第一监狱	桂林	五〇〇
广西第二监狱	南宁	三〇〇
四川第一监狱	成都	五〇〇
绥远第一监狱	绥远	三〇〇
察哈尔第一监狱	张家口	三〇〇
哈尔滨监狱	哈尔滨	三〇〇
哈尔滨分监	满洲里	二〇〇

合计监狱及分监八十处

第三款　国民政府时期

自国民政府,奠都南京(民十六年,1927年),遵总理遗教,成立五院〔十七年(1928年)一月〕,实行五权分治。而我国之司法独立精神,更得表见。自本三民主义原则,参以世界最新法理,编纂各种法典,公布于世,而我国法治之基础,益加巩固。考新订法律,关于刑事方面,其重要者,前后有《刑法》(十七年三月),《刑诉法》(十七年七月),《陆海空军刑法》〔十八年(1929年)九月〕,《危害民国紧急治罪法》、《违警法》等之颁行,至各种刑法之执行法,亦莫不具备,如《刑法》之执行,则有《监狱规则》,《陆海空军刑法》之执行,则有《军人监狱规则》,《危害民国紧急治罪法》之执行,则有《反省院条例》,《违警法》之执行,则有《拘留所规则》。此外关于刑事被告之羁押与民事被告之管收,则有《看守所暂行章程》及《管收民事被告人规则》,既因身分罪质之不同,而有各种不同之刑法与行刑法之规定,更有各种不同之行刑机关之设立,兹分别述之于次:

甲　监狱

监狱为监禁刑法被处徒刑拘役者之所(《监狱规则》二条),复以未成年人性质不同,如与成年人同一处所,必妨害其发育,影响感化进行,故未满十八岁者,须监禁于幼年监(《监狱规则》三条)。此外男监、女监、徒刑监、拘役监等。在同一区域内者,严为分界(《监狱规则》四条)。全国监狱,皆属司法行政部管辖(《监狱规则》一条)。但司法行政部得委任各高等法院院长,为各该省监狱之中间监督长官。部中设监狱司,掌理监狱一切事务(详《司法行政部处务规程》第九条)。至监狱本身之组织,设有典狱长一员,督率综管全监事务,以下分设第一、第二、第三等三科,教务、医务两所(详《监狱处务规则》第一条),各科设主科看守长,各所设主任,照《监狱处务规则》及《教诲师医士等处务规则》之规定,分别主管各项事务。此项新式组织之监狱,国民政府成立以来,增设十八处,分监计四处(详后附表)。内有收回上海公共租界会审公堂之女监一处,法租界会审公堂之监狱一处,收回后,前者称江苏第二监狱分监,仍收女犯,后者称江苏上海第二特区监狱,男女兼收。尚有镇江之江苏第六监狱、上海之司法行政部直辖第二监狱,正在筹备开办。为贯彻刑法劳役主义及训练囚犯生活技能勤劳习惯起见,有《监狱规则》第五章及《作业规则》之详细规定。二十四年(1935年)九月,于首都举办各省新监出品展览会,比较各监作业成绩及出品以资鼓励。对于旧监作业之发展,则有《旧监作业办法》之颁行(一七年五月部训第二八二号),为养成囚犯浚河、筑路、垦植技能计,有囚犯从事外役(详《监犯外役规则》)及徒刑人犯移垦等办法。至关于囚犯道德之修养,知识之培植,党义之灌输,则由各监之教务所负责,以教诲师教师专任其事(详《监狱规则》第六章及《教医等处务规则》)。为旧监教诲之普及,则有《循环教诲办法》(一七年四月部令)。教诲用书须先呈核以昭审慎,(十九年二月部训第一二号)。为督饬教育之进行,有《教育实施办法》(二一年四月部训第九七一号)。为囚犯阅书之便利,更有图书室之设立(二二年一一月部训第三五九三号)。关于给养方面,除须斟酌其体质、年龄、劳役、气候给与必要之饮食衣类外(详《监狱规则》第七条),其物品之质与量,且有细密之具体规定(二一年一〇月部令第二四四六号,二二年六月部令第一六八九号),监内医务所,有医士、药剂士专司卫生及医务之职,所有囚人身体之检诊,疾病之治疗,药剂之调制,衣被之浣濯薰晒,沟渠之洗涤消毒(详《教医处务规则》)以及沐浴次数,运动时间(详《监狱规则》五八、五九两条),莫不有一定之程序。其有患精神病、传染病,或其他重病之犯,不能在监狱内,施适当之治疗者,许保外医治或移送病院,对于染有烟毒之犯人,则另设戒烟所,为之戒除(十九年五月部令第一一〇号)。至恶性已深之犯人,则有严密管理之累犯监,未成年之犯人,则有用教育感化之少年监(详《训政时期狱制改进大纲》),各监皆用累进制,以鼓励囚犯自动的向前进展,用记分法,考查其行状作业教育等之成绩。为考核上项工作:如作业、教诲、教育、给养、卫生、医治等之实施状况,及其他行政事宜之进行如何,每两月派检察官视察报告一次,每年并由司法行政部部长或派员视察一次(《视察司法规程》第一条),以资督饬,而促进行。此我国现在监狱之组织及其行政处遇办法改良之大概情形也。

设立各省监狱暨分监一览表

国民政府成立迄民国二十四年(1935年)度止

监　　名	地　点	容　　额	种类	附　　记
江苏第二监狱分监	上海	一七〇	女监	民国十九年(1930年)收回上海公共租界会审公堂司法权,同时收回女监改称今名
上海第二特区监狱	上海	一、一〇〇	甲	民国二十年(1931年)八月收回上海法租界会审公堂司法权,同时收回监狱改称今名
江苏第五监狱	无锡	五〇〇	乙	

续表

监名	地点	容额	种类	附记
监犯临时收容所	苏州	三〇〇		民国十八年苏州各监人犯拥挤,乃就原造币厂地址改建房舍为临时收容人犯疏通之所,而今仍存在
浙江第五监狱	金华	五〇〇	荐任	该所组织与分监同
广东第一监狱	广州	一、〇〇〇	甲	
安徽第二监狱分监	宣城			
安徽第三监狱	阜阳	五百人以上	乙	
安徽第三监狱分监	凤阳	三〇〇		
福建第二监狱	龙溪	二〇〇	乙	
湖南第一监狱	长沙北门外	八〇〇	甲	
湖北少年监狱	武昌	三〇〇	乙	民国二四年(1935年)由湖北第一监狱分监改设
湖北第二监狱	汉口	八〇〇	甲	
湖北第三监狱	宜昌	五〇〇	乙	
山东第二监狱威海分监	威海	一〇〇		
济南少年监狱	济南	三〇〇	乙	民国二三年由山东第五监狱改设
河北第四监狱	保定	五〇〇	甲	
广西第三监狱	梧州	五〇〇		
四川第一监狱	成都	五〇〇	荐任	
四川第二监狱	重庆			在筹建中
察哈尔第二监狱	张家口	四〇〇	乙	
宁夏第一监狱	宁夏	三〇〇	乙	

乙 军人监狱

军人监狱为监禁被处徒刑或拘役之陆海空军军人及视同军人之所,依法令非军人而受军事裁判者,亦得由本监监禁(《军人监狱规则》第二条)。其管辖权属诸军政部,受军法司之监督指挥,其在各省者,得令所在地之最高军事机关监督之(《军人监狱组织大纲》第一条)。每监设监狱长一人,综理全监事务,内分设第一、二、三等三科,教务、医务两所(《组织大纲》第三、四条),其组织及处务,与普通监狱约同。所用监狱长,因其隶属军政关系,一律授以军职,中央监狱监狱长系上校,科长系中校,各省军人监狱,监狱长系中校,科长系少校,此外科员及其他人员看守等,则系少校尉官士兵不等(详《军人监狱编制表》)。至执行方面徒刑拘役及未成年者,以其性质不同,皆隔别监禁(《军人监狱规则》第五条)。所收人犯,暂以男性为限,如入监者为妇女,则寄禁于普通监狱(《军人监狱规则》第十四条),盖事实上,军事女犯,极不多见,故无女监设立之必要。其余关于戒护、劳役、给养、卫生、医治、赏罚、假释等,大概与普通监狱所规定相同。惟惩罚采用掌责,但不得过四十板(《军人监狱规则》第八十五条)。现在设立者,有中央及各省军人监狱,兹列于下:

军人监狱一览表

监　名	地　点	容　额
中央军人监狱	首都江东门	一、〇〇〇
江苏军人监狱	苏州盘门外	八〇〇
江苏军人监狱分监	徐州	三〇〇
浙江军人监狱	杭州西湖边	八〇〇

续表

监　名	地　点	容　额
江西军人监狱	南昌	八〇〇
湖北军人监狱	汉口玉皇阁	八〇〇

丙　反省院

初国民党实行联农、联共、联俄之三大政策，共产党徒得以个人之资格加入，乃违反合作精神，国民党因有清除该党之实行，……。① 对于此项犯罪行为之制裁，前有《暂行反革命治罪条例》之颁行，继有《危害民国紧急治罪法》之公布。关于上项特别罪犯之执行机关，则有反省院之设立。盖反省院为根据《危害民国紧急治罪法》或前《暂行反革命治罪法》判决之罪犯受刑之执行，无期徒刑逾七年，有期徒刑逾三分之一，而有悛悔实据，或依《危害民国紧急治罪法》宣告三年以下有期徒刑之犯人之矫正感化场所也（详《修正反省院条例》第五条各款）。其设于中央者，有首都反省院，设于各省者，有江苏、浙江、江西、安徽、山东、河北、广东等处，皆属司法行政部管辖。各设院长一人，综理全院事务（详《反省院条例》第五条），并设总务、管理、训育三部分（首都反省院称科），各设主任一人，助理员数人（详《反省院条例》第三条）。在反省期中，注重训育进行，故所有训育主任及训育员等，须呈由中央执行委员会指派（详前条），其工作大纲，须就反省人文字或言论中，纠正其谬误思想，或偏激之性情，于就其日常生活中，纠正其不合规律之行动，于授课或演讲时，须指示三民主义之精义，使彻底觉悟过去之错误，对革命之正当途径有深切之认识，并于劳作时，教以今后择

---

① 此处有一处删节，请读者注意。

业之方法，使具备生活上之相当技能（详《训育工作大纲》）。每六月为一反省期，期满经评判委员会（各省反省院，由院长各主任省党部代表一人，高等法院推事一人，检察官一人组织之。首都由院长各主任中央党部指派一人，最高法院推事一人，检察官一人，组织）。评判，无异议者，给予自新证书，令其出院，否则应予以继续反省，但总期不得过五年（详条例第六、七条）。此我国对于反革命及危害民国等罪犯之执行机关之组织，及其矫正感化办法之大概情形也。

丁　拘留所

拘留所为各级警察机关，拘留违警及依其他法令应行拘留人犯之所，归各该最高警察长官监督之（《拘留所规则》第一、二条），故凡设有警察机关之地方皆有拘留所之附设，每所设主任一人，由各该警察机关委派并设担任卫生治疗之医士，办理文件之书记，及管理人犯之看守。男女人犯，亦须隔别，女犯以女看守管理（《拘留所规则》第八、九条）。所有各所拘押人数、日数及所犯事项，须按月造表呈转内政部查核（《拘留所规则》第十三条）。为便于考核各所行政进行起见（《拘留所规则》第十三条规定），各拘留所须备下列各种簿册：（1）收发文件簿；（2）检查簿；（3）勤务时间簿；（4）看守报告书；（5）名籍簿；（6）入所出所簿；（7）提讯出入簿；（8）被拘留人财物收发保管簿；（9）发受书信簿；（10）接见簿；（11）惩罚簿；（12）疾病医治死亡簿；（13）在所日数簿；（14）人数日报簿等十四种，皆有一定式样。至房舍之设置，规定每间以纵横十尺为度，容额人数不得过四人（《拘留所规则》第五条），并须设备整洁，空气流通，地势干燥，无碍于卫生，大非昔日之昏暗潮湿，臭秽不堪者可比。管理人员，待遇人犯，以和平为主，并严禁需索，如有违反则依法惩处(《拘留所规则》第六条)。且为防止滥押起见,羁留最重不得过旬日。又非奉有长官签字之命令,不得迳行拘留人犯(《拘留所规则》第十四条),是于人道人权,皆有相当之注意焉。

戊　看守所

看守所为高等以下法院羁押刑事被告人之所(详《看守所暂行条例》第一条),属高等法院院长监督(详前规则第三条),或就便委地方法院院长监督之。每所设所长一人,承该管法院院长之指挥督率,掌管全所事务,另有主任看守及看守若干人,承办戒护管理及其他事务,卫生治疗事务,有医士办理(详前规则第二章各条)。被告人苟无碍纪律及审判进行,其待遇须与平民同(详前规则第四条)。又被告人得自备饮食、衣类、卧具及日用必需物件,其不能自备者,由所给与或贷与之。被告人有逃走暴行或自杀之虞时,得酌量施以脚镣、手铐、捕绳等之戒具(详前规则第四十二条)。看守所应有工场之设置,依被告人之请求,得许其工作(详前规则第四十四条),但现全国看守所之有工场设备者,仅安徽高等法院看守所一处而已。此外关于卫生、治疗、沐浴、运动、死亡报告等,皆有细密之规定(详前规则第十二、十三章各条)。全国各法院,皆有看守所之设立,此为我国看守所组织及其待遇之大概也。

己　管收所与收容所

此外又有管收所者系管收民事被告人之处所。按民事被告人有下列情形之一者,应提出担保,其无相当保证人或保证金者得管收之:(一)有逃匿之虞者,(二)有犯刑事之嫌疑者,(三)具有上二款原因之一,而原保证人死亡或申明退保不能另有其他保证者,(四)判决确定,显然有履行义务之可能而不遵判履行者(详《管收民事被告人规则》第三条)。管收期限,至多不得逾三个月(详前规则第九条),至对于管收人之待遇,及使用戒具武器等情形,准用《修正看守所暂行规则》第四十一条、第四十二条及《监狱规则》第二十七条、第二十八条等之规定(详《上海第一特区地方法院管收所暂行规则》第七、九条)。此种管收所,多就看守所划一部分设置之,其所长办事人等,大概由看守所长及看守所职员兼任,至另有经常预算,独立设有管收所之法院,现在只有上海第一特区地方法院一处,因该院民事诉讼极繁,地方情形,亦较复杂,管收人常多至七八十人,故不得不特设管收机关,又有收容所一种,附设看守所内,收容:(一)无亲属可以责付、或传领不及、或亲属不愿领回之被诱人,(二)被告人因案羁押其未满十二岁之子女,必须随同入所,无他亲属可以责付者;(三)未满十六岁之被害人,并无亲属可以责付,或有亲属传领不及,或其亲属不愿领回者(详《收容所规则》第二条)。上项被收容人,检察官应先送公安机关安置,通知相当机关协助,传其亲属认领(详《收容所规则》第三条)。察其立法用意,非至万不得已之情形,自不可轻予收容,故其收容期间,限制极短,前述之被诱人等之收容,其侦查期不得逾一月,前述之刑事被告人之子女之收容,侦查不得逾十日(详前规则第四条)。查管收所与收容所,一为民事被告人之管收,一为被害人等之收容,其性质本与刑事无涉,故其同设于看守所内,须有法律之特别规定及设施,大非昔日之民刑不分,身分无别之混同杂居之羁押场所,可同日而语,故并论及之。

  编者按 自国民政府成立以来,于改良监狱,锐意进行,始有《训政时期改进狱制大纲》,继有《改良监狱方案》,皆有伟大规划,进行步骤。只以匪乱频仍,军用浩繁,以致经费困难,未能如期实现。自罗前部长及现任王部长简任我国监狱学者及实验家王元增先生为监狱司长以来,王氏本其满腔热血,三十载经验,内而帷幄筹谋,外而省县巡视,举凡躬亲,劳瘁不辞。关于人才之培养,尤为注意,如监狱官之考试,监狱人才之训练,狱务研究之设立,看守之考试练习,法律学校中监狱学科之增设,莫不先后实行。又以看守之与人犯有直接关系,职责极为重要,薪资过薄,难期得人,故有提高待遇及慎选之令。其余如给养、教诲、教育、作业诸端,及其他应兴应革事项,莫不切实整顿,积极进行。比年以来,狱政改良,颇有日新月盛之势,上年又举办全国监狱出品展览会,经实业部审查结果,认极圆满,至筹办成立新监截至现在止,计有二十二处之多,而新式之看守所及就各县旧监改设之分监,尚不在内,信哉有治人而后有治法也。

第 二 编

行 刑 制 度

第一章 通论

第一节 行刑制度之意义

监狱为执行自由刑之场所,行刑制度,为执行场所管理犯罪人所用之方法,行刑之目的,在化除恶性,养成技能,锻炼体格,使出狱后,回复良民生活,为国家社会有用之人,而行刑制度,即系图谋达到此项目的之手段也,故必制度完善,而后可有行刑功效。进而言之,刑法精神之能表现与否,即以行刑制度如何为断,其关系重大可知矣。

刑法随时代而推进,行刑制度随刑法而改善。昔时文化未开,刑尚威吓,如希腊、罗马、埃及、印度及其他各国,其时监狱,或用塔宇,或用寺庙,或用地穴,男女老幼无别,强健衰病不分,混同杂处,闭禁一隅,不过使罪犯饱受痛苦耳。

十七世纪以后,博爱主义渐兴,民权思想日张,咸知监狱惨酷,有背人道,实有改革必要。约翰华尔鼓吹于前,歌尔克氏倡导于后,欧美各国,朝野上下,皆知狱政关系重要,图谋改良方案,遂有分房折衷等制度之实施,及严厉宽和等主义之采行,虽未皆能尽善,而各有进步之表现。

晚近文明进化,法治昌明,刑罚主义,已步入教育一途矣,监狱管理,科学化矣,所谓阶级制、自治制、感化教育、劳工区域等,皆应需要而生。科刑之标准,不重犯行之轻重。而视恶性之深浅,经判决确定之刑期,监狱得酌察改善之程度,有增减之权能,方法日新,制度愈进。

第二节 行刑制度之种类

古昔刑罚重威吓,监狱为摧残犯人之地,今日刑罚尚改善,监狱为教养犯人之所,一则恐吓之使不敢再犯,一则感化之使不肯再犯,昔者拘禁犯人,无所谓制度,国家多一犯人,即多一消费者,今则以教育感化之使犯人为国家之生产者。

按监狱制度行刑约可分为:(一)杂居制,(二)分房制,(三)阶级制,(四)自治制之四种,兹依次分章述之。

第二章 杂居制

第一节 混同杂居制

杂居制者,系将多数犯人拘禁于同一监房之谓,可分二种:一即混同杂居制,不分男、女、老、幼、罪刑、职业、身分、犯数,甚至不分已决、未决、民事、刑事,混同杂居于一室之内,昏暗狭溢,污秽充塞。多人聚处,良莠不分,唆讼教奸,敲诈、弄鬻、强凌弱、众暴寡,良善化为鄙陋,鄙陋化为凶暴。同监之种类既多,犯罪之门径愈广,腐败情形,笔难罄书。至富强者恃金钱魔力,亲友妻子,可以随时出入,饮食衣服,可以取诸狱外,贫弱者,则身受桎梏,食不足以充腹,衣不足以御寒,非法待遇,惨无人道,此未改良监狱时期之拘禁犯人处所。学者"谓不啻为罪犯学校"宜也,东西各国,不约而同,今人称之为混同杂居制,或无限制之杂居制。

第二节 分类杂居制

分类杂居制,对受刑者之性别、刑名、刑期、罪质、年龄、犯数、职业、身分、性情等,加以斟酌而分别拘禁之也,较之混同杂居,当胜一筹,较诸其他制度其利为:(一)建筑省费。(二)用人减少。(三)操作便利。要言之,不过省费耳。而其弊有三:(一)多人聚居,罪恶易于传染,不合感化主旨。(二)多人聚处,言谈交际,即令禁止,亦难杜绝,甚至恃人数之众,管理稍一不慎,即有违抗要挟之事发生,不合刑罚剥夺自由之旨。(三)待遇犯人以能适应个性,方称公平,多人聚处,一律待遇,表面虽称平等,而实属不平等,不合刑罚公平之旨。甚或在监时,互称同难,出监格外亲密,恶势力易于团结,昔之为小窃者,出狱后难免变为伙窃矣,昔之为强盗者,出狱后难免变为帮匪矣,杂居制之监狱,苟无严正之管理,反为罪犯之联络媒介机关,为害不堪设想。总之,此制害多利少。绝不可徒以省费之故,而沿用之也。

我国监狱,唐以前为无限制之杂居制,自唐以后,颁有《官狱令》一篇,狱舍罪之轻重有差,男女有别,明制禁系囚徒,分别男女,及年七十以上十五以下,废疾轻重勿混杂,可称为分类杂居制。

第三章 分房制

第一节 分房制之意义

分房制者,将囚人各拘禁于不同之监房工场,即一人一房之谓,故又称独居制。其利益:在消极方面为免罪恶之传播,在积极方面为启反省之心,盖一人独处一室。左顾右盼,无非坚牢之壁,自朝至夕,莫可与语之人,始知国法威严,悛悔之念,既油然而生,感化之方,则乘机而施,天下无不可化之人,故谈感化政策者,当以分房制之监狱,收效最宏。

第二节 分房制之派别及其利弊

自北美编斯非尼亚试用分房制以来,主分房者,有两派焉。主严厉之一派,谓人犯不仅应各别监房工场,且无论何时何地,不使人犯有相见之机会,不论劳作运动以至教诲教育,均须隔别。除司狱人员外,绝不使一人入目,当时称为最新最善之行刑法,后世称为编斯非尼亚制,又称为严厉分房制。主宽和之一派,谓绝对分房,违反人类天性,一囚一房以及种种之隔别,用费太巨,人民不易负担。纽约采用折衷宽和之法,于一八二〇年,在奥本新建监狱,试用夜间分房,日间作工、教诲、教育、运动等,不用何项之隔别,构造简易,后世称为奥本制,又称为宽和分房制,夜间分房制或折衷制,自美之两制发明以后,欧洲各国,多遣使赴美考察,因两制各有利害,论者莫衷一是,结果英采用编斯非尼亚制,其他欧洲各邦,多采奥本制,于是二制,遂分行于英之伦敦及欧洲大陆矣。两制相较,自以宽和分房为适宜,盖严厉分房有三大弊焉:(一)建筑需费甚巨,(二)隔别过严,妨害健康,(三)工作教诲教育等,一律隔别,管理不便,故世界各国采用之者甚鲜。

分房制之利为:(1)易于感化。(2)足以表示国法威严。(3)防止罪恶传播。(4)适应个性。其弊为:(1)建筑费巨。(2)妨害健康。(3)作业教诲教育不便。(4)管理困难。

第三节 采用分房制之各国

查十六世纪以前。世界各国监狱,多用无限制之杂居制,罪恶传播之弊,贻害社会太深,故改良之议既倡,各国咸主张用分房制,唯近年俄国注重集合劳动教育之故,绝对不用分房制度,兹将采用分房制之国家,列表于次:

分房制国家

国 别	采用时期	分房监禁最少期间	附 记
比利时	一七七五	十 年	子爵威廉十九世于铿德监狱施行用沉默主义

续表

国别	采用时期	分房监禁最少期间	附记
美国	一七九六		一七九六年于编斯非尼亚用严厉分房制,一八二〇年于奥本用宽和分房制
意大利	一八三八	十年	用沉默主义
荷兰	一八八一	五年	一八八六年付与推事以独居监禁之权
瑞典	一八四〇	六分之一刑期分房监禁至少六个月	
德意志	一八八〇	三年	用宽和主义普王腓立特利克威廉第四于一八四二年建分房监于莫雅比托,采用英编通妇尔制
英国	一八〇二	十八个月	初于平腾罘监狱施行渐多至五十四处,但十二岁以下六十岁以上及精神有异状者不适用之
法国	未详	一年	
奥国	一八四九		以拘留囚及惩治囚为限
丹麦	一八四六		分四级各异待遇
中国	一九一一	三个月	监狱官员须每十日一次访问,分房囚犯为个性考察及精神上之安慰

第四章 阶级制

第一节 通论

为使犯罪者,感受国法之威严,免罪恶之传播,分房制度,本为良善。不过好群原为人类天性,人之所以异于禽兽,而能战胜宇宙间一切动物者,即以其能共同生活联合战线之故,今徒以犯罪入狱,为贯彻隔离社会,杜绝传染之旨起见,如使之度此长期之孤独生活,反乎天性,有背人道姑勿具论,若一朝期满出狱,不啻如猎马忽解其衔勒,其不横冲直撞颠扑伤人者,难矣。故英儒边沁(Bentham)有言:"罪人出狱,最为危险,如自楼降地,设无阶梯,则非伤即死",阶级制度,即罪犯出狱之梯也。

阶级制者,系斟酌犯罪者之刑期,分为几个时期,或几个阶段。由分房而杂居,由杂居而假出狱,有依序渐进之义,故又称为累进制,其管理,初严而后宽,其待遇始劣而后优,盖其经过刑期愈久,如果其行状愈良,则其级数愈高,而取得自由之量愈大,其享受亦愈佳,不用鞭策,得收自动前进之效,毋须劝导,有日新月新之功,堪称为管理囚犯鼓励向善之最完善制度。

是制所分级数与其名称,各国不一致,大概分为三级。初级为分房,不得享受恩惠之待遇,或不令作业,即作业,亦必以其无兴趣者课之,书信接见,限制最严,盖其用意,一则利用初入时期,杜绝交通,借以探讨个人之真实情状,及其需要,而便将来之陶养灌输,一在使囚人深感刑罚之威严,而屈服于纪律之下,以启其反省悔悟之心。此期拘禁期间,大概为三月至一年之间,经过此期间,如具备升级条件,(行状善良作业勤谨之类)则进入第二级。是级为杂居,(惟丹麦狱制,各级均系分房)日则在工场共同工作,夜则仍独禁监房或分类监房之内,在此阶级内,或又酌分二级、三级、五级不等,而仍视行状以为升降。至考核行状方法,有两种:

一　记分法

二　查勘法

记分法者,依囚人行状作业教育等成绩,按日记分,规定分数,以为升降标准。查勘法者,先定进级期间,根据有职权者视察结果,召集狱务会议,公开评定,以为升降,如依次升至最高之级,而其刑期合于法定之假释期间,乃为之假释。以所余刑期,为假释期间,在假释期中,如能遵守一定规则,就正当职业,保持善行,则经过此期间,即作为刑期终了,如有违反规则,立即撤销,仍令回监执行。是制创始于英国武官麦可诺厄,而于一八五五年,成功于克劳甫顿(Crofton)大佐,故又称为克劳甫顿制,又以先行之于爱尔兰监狱,故又称爱尔兰制,现在各国多采用此项原则,以为改良狱制之用,但其方法各异。兹将采阶级制较著各国。列表于次:

采用阶级制监狱较著国家一览表

国 名	监 别	分级办法及名称	考核办法	附 记
英 国	爱尔兰	分三级：第一级在梦妥爵依监狱执行用严正分房，第二级在爱尔兰斯巴依克岛监狱执行内分四部，第三级在拉斯克监狱执行该监组织为监狱与自由社会中间之一种特别场所故又称中间监狱	用记点法得九点者为最高成绩（九点即作工品行教育各三点合成）	详本章第二节
	包士特青年院	分七级：初级为普通级，第二为中间级一组，第三为中间级二组，第四为视察级，第五为特别级，第六为名誉特别级，第七为惩罚级		
日 本	丰多摩监狱	分五期：第一二两期独居，第三期以后杂居	用记点法每日自六点起八点为最高	先以犯数及恶性深浅分为五期详后第三节
瑞 士	铿孚监狱	分四类：第一类三月独居，第二类用沉默法，第三类许通信接见，第四类专收青年人犯		分类以犯罪种类为标准
苏 俄		分三级：受隔离处分及惯犯初入编第一级，其他犯人由监督委员会指定入何级，最高级在过渡劳役感化院执行，又称为释放监		以刑期及罪质分为四类，分四个机关执行

续表

国名	监别	分级办法及名称	考核办法	附记
德国	普鲁士	分三级：第一为初入级，第二为高等级，第三为释放级		精神病犯刑期九月以下恶性犯人均不适用阶级制
	酸林其亚	分视察待遇保护团等三级		重在自治训练，每级有富沙旧Fusnger一员管理一级事宜
比利时	一在刚城学校监一在抹萨尔斯立育所一在萨国教	以程度为依归达到优良级有生存能力即予假释，分可望改善，确能改善，已改善等三级		
荷兰		分惩戒、累犯、普通等三级每级又分上、中、下三小级		
中国	上海第二特区监狱	分甲乙丙三班，每班又分两级，每级期间以刑期长短为依归，短期不列班级	用记分法以百分为最高作业行状各占百分之三十，教育教诲各占百分二十	有各种按日记分表详后四节

续表

国　名	监别	分级办法及名称	考核办法	附　记
美国	义利诺州	共分四区：一二两区之监房均圆形，一区为分房名要寨Stronghold，二区为三人至五人杂居，三区为十五人杂居，四区为农场 The farm Colony，再分七级：一至五级在各区分别执行，第六级假释，第七级自由，依行状及期间分区依次进级		

　　阶级制之优点。在于因各级有种种不同之待遇，如居处、给养、交通、赏与等，皆依阶级等差而有高下之别，易启人犯羡慕之心，名誉之念，足以奖掖悔改，且最后一级，可作社会生活之试验，惟诱导之法，关系至重，倘不善为利导，而酿成人犯自甘暴弃愿居下流，则失其效用矣。

　　又考近代阶级制，有两种不同之办法：一在同一监内，复分阶级，为容纳各级犯人之用，一将各级犯人分设监禁机关。前者对于犯人之个性，经长期之探讨，无彼此隔阂之虞，后者可依据不同性质情状之犯人，而施行不同之治理。且可免适于严厉管理之狱员，未必适于宽大管理者之缺点，盖各有利弊也。兹将英之爱尔兰、日之丰多摩、我国之上海第二特区等监狱，施行此制之详细办法，分述于次。

第二节 爱尔兰制[①]

一 爱尔兰阶级制

爱尔兰阶级制,计分四个阶级:第一级为分房,第二级为杂居,第三级为半自由拘禁,第四级为假出狱。第一阶级,为惩罚级,严正分房,虽书信接见,亦不许交通。第一级中人成绩优良者,固可上升。倘违犯狱纪,得延长此级九个月。第二阶级为改良级,感化主义居多,对于教诲、教育、作工、运动、特别注重。第三阶级为试验级,监视渐弛,而自治力渐强。第四阶级则假释出狱,以实行自治。兹分别述之:

第一阶级　第一阶级,在孟妥爵依监狱执行。该监狱分为两部:第一部为男监,第二部为女监,皆严正分房。男监采用惩罚主义居多,入监之初,服空役三个月,而后从事于靴工、席工、裁缝及机器等工。至于教诲,每星期说教三回。第一回为罗马教徒来监说教,第二回为英国教徒说教,第三回为长老会信徒说教。而三派教诲师,皆举行监房访问,分别访问分房之各在监人,施以适当之教训。

第二阶级　第二阶级在爱尔兰斯巴衣克岛监狱执行。该监狱

[①] 本节录自芮佳瑞编《监狱制度论》。芮佳瑞,早年曾东渡日本考察监狱制度,回国后长期从事监狱实务与研究,入"狱学研究社"。著有:《监狱制度论》、《监狱法论》、《监狱工厂管理法》等。自郭明:《中国监狱学史纲》,中国方正出版社2005年版,第150页。

分罪因为第一、第二、第三、第四等四部。在监者应属于何部，则以点数为标准。在监人如一个月有九点，则为最高成绩。九点者：作工勤勉三点，品行端正三点，教育优良三点。

  作工勤勉者　得三点

  品行端正者　得三点

  教育优良者　得三点

在孟妥爵依监狱成绩良好者，则编入斯巴衣克监狱第四部。而由孟妥爵依监狱编入之在监人，约分五类：

  一　上上

  二　上

  三　上中

  四　中平

  五　下

上上类者非二个月十八点，上类者非三个月二十七点，上中类者非四个月三十六点，中平类者非五个月四十五点，下类者非六个月五十四点，不得进为第三部。而由第三部进于第二部者，非六个月平均数五十四点不可。由第二部进于第一部者，非一年得百八点不可。区别罪犯之等级，则以衣服及徽章表示之。（耶耳卖拉监狱采用此制，第一级用灰色，第二级用黑色，第三级用赤色）。

  第一级　灰色

  第二级　黑色

  第三级　赤色

待遇在监人之方法，全借道德之势力以范围之，如犯狱则，则加以惩罚，并减少工钱褫夺其标点及特权。倘犯重大之事，则送还孟妥爵依与入监之时受同一之待遇。

第三阶级 第三阶级在拉斯克监狱执行。该监狱离当不林地方不远,其组织非纯然之监狱,亦非自由社会,乃监狱与自由社会中间之一种特别场所,故不称为中间监狱,拘禁于此者,其目的有二。

一 试验在监者果足以抵抗诱惑与否

二 训练罪犯六个月

此监狱与极不自由之监狱主义迥不相同。朝出作工,暮则归来,出入有定时,执事多为犯人,如违反规则,则收入杂居监。其地方风景绝佳,以期受天然之感化力,在监人数不过百名,成绩极佳,二十年间逃走者不满二十人。其感化事业,世界皆知之。威兹黑轮有云:最坚固之墙壁,非真正之墙壁,足以证明该监狱之道德势力矣。

二 爱尔兰过渡制

爱尔兰过渡囚禁制,系独房及假释距离之中过渡囚禁之法,其执行亦分为四期。第一期为独房囚禁期。第二期为夜间囚禁于独房,昼间共同劳作之时期。第三期为过渡囚禁期。第四期为条件释放期。对于男女异其待遇。

第一期 独房囚禁期

第二期 夜间囚禁于独房昼间共同劳作期

第三期 过渡囚禁期

第四期 条件释放期

甲 男囚

第一期 独房囚禁之时期,以九个月为标准。倘遇行为不良,性情恶劣者,得延长为一年。其悔改实在者,得缩短为一月。而此时期又分为两个时期:最先四个月为第一期,以下为第二期。第一期的囚徒,所受待遇特严,不给肉类,劳作极苦;第二期的囚徒,得在劳作上给养上享有多少的特权。此种分期定名为前期、后期,以免相混。

前期　前四个月,给养劳作极苦。

后期　以下的几月,劳作上,给养上,比较的享有特权。

第二期　夜间囚禁于独房,昼则使之共同从事土木工程,或军用品的制作。而另用采分制,以奖励囚人的作业。

初级　劳动及教育的结果,将囚人一日的成绩,分为优上中三种,各给以三分、二分、一分,待其达于十八分,使进于第二级。

中级　第二级囚徒许以劳作上、给养上、囚禁上的特权,若超出五十四分,便使进于第三级。

高级　第三级囚徒,若得百〇八分,则其特权愈可增加,而得共同从事于炊事、洗濯等狱内的劳役。

第三期　此时期,将囚人留置于过渡狱。所云过渡狱者,即与以假释特典以前,在一定期间,留在狱中之谓。囚人在狱服有定役。备受劳苦,一旦解除威压,恐回复于懒惰残虐的旧态。加以境遇激变,生存竞争为难,最易翻其悛悔之情。此时若果因其刑期终了,立予释放,决非得策。必于其间,立一囚禁之法,以考查其悛改的真伪,使得复为社会的良民,而绝再犯的恶念,是即设置过渡狱制的理由。过渡狱或属普通狱的管辖,或属特别官厅的管理,而其制度则一。不论狱内狱外,均保障囚人的自由,囚人不但依其劳作而得多额的劳银,且得通信接见,或得许可而出狱外。其服色等,亦与普通囚人不同。由是以考查其性行的如何,或移独房,或许假释,至其出狱许可之权,则一任于管理者的判定。

第四期　此时期付与以出狱表,而实施假释。被假释者,须戒慎其性行,速就正业,每月须报告其动静于警察官署。此种规则,即记明于出狱表之背面,以便其随时检阅,若稍有违背,则立即取消其假释之利益,而复行收入。

乙　女囚

第一期　第一期为独房囚禁之时期。在最先四个月间为男囚异,许其共同劳作,用采分制,以资奖励。

第二期　第二期许其杂居而就劳作,且得取其工钱。其执行期间,则依刑期不能同一。例如三年刑期为二个月,四年刑期为十个月,五年刑期为十八个月。十五年刑期则七十二个月系于此间。

第三期　此期女囚留置于保护所。保护所为过渡狱之一种,所异者在设备之公私而已。

第四期　假释制度男女无异,惟女囚当第二期终了之时,依其情状若何,有时可以直接假释,不以留置于保护所为必要。

爱尔兰过渡制,略如上述。惟于一八五七年,进而改用阶级制,近已全国一致革新矣。

第三节　丰多摩采点制[①]

累进之要旨,在使囚人得复归于良民生活之顺序,始严遇而后宽待之,使囚人随逐其阶级,而驯致服从社会规律之习惯。日本丰

[①] 本节录自芮佳瑞编《监狱制度论》。

多摩监狱用阶级制,成效极著,兹述其办法如下:

甲　处遇规程

一　拘禁于丰多摩监狱之受刑者,依别表施以相当之阶级处遇。

二　新入监者,定其分类,编入第一期,依其得点,渐次进级。分类认定后,不论何时得变更之。

三　在第一期或第二期者,而有行状善良悛改之状时,得进第二期或第三期。

四　从他监狱转入者,审查前监狱之成绩,编入相当之阶级。

五　在第一期者,拘禁于第一独居监,在第二期者,拘禁于第二独居监,在第三期以后者,拘禁于杂居监。

在第一期第一类,及第二类之行状稍良者,得拘禁于第二独居监。在第二期者,得拘禁于杂居监。

在第二期以后者,认为必要时,仍得拘禁于独居监。

六　监房工场,依分类及阶级区划之。

受刑者须将类别并期别之数字,记入于金属板,(椭圆形横一寸,纵一寸八分)附着衣襟,以便识别。

七　作业之成绩,分别点数,依下列标准采点。

(一)科程完了以上者　　　一日八点

(二)科程七分以上者　　　一日七点

(三)科程七分未满者　　　一日六点

八　以时间为科程之作业而有等级之规定者,依下列标准采点。

(一)分为三等者

    一等　　　　　　一日八点

    二等　　　　　　一日七点

    三等　　　　　　一日六点

(二)分为四等者

    一二等　　　　　一日八点

    三等　　　　　　一日七点

    四等　　　　　　一日六点

(三)分为五等者

    一二等　　　　　一日八点

    三四等　　　　　一日七点

    五等　　　　　　一日六点

前项外,无等级之规定者,参酌勤惰及成绩采点。

九　免役日依最近就业日之得点采点,因疾病或其他事故不就业者,停止采点。

十　采点每期更新之。

分类变更时,在前分类阶级所得之点数计算之。

得点每月告知本人。

十一　在第二期以上者,一月内作业科程终了时,其月之作业赏与金,依当该期所揭之高率计算。

十二　被处惩罚者,依下列减其得点。

(一)重屏禁　每一日　十六点至四十点

(二)减食　每一日　八点至二十点

(三)停止运动　每一日　六点至八点

(四)轻屏禁　每十日(不满十日者亦同)　十六点至十八点

(五)文书、图画、阅读之禁止　每十日(不满十日者亦同)　十二点至十六点

(六)停止赏遇　每十日(不满十日者亦同)　十二点至十六点

(七)废止赏遇　三十六点至三百六十点

(八)减削作业赏与金　十二点至百二十点

(九)叱责　六点至八点

并科惩罚,依记载于首位之惩罚减点。

十三　事犯轻微,仅止训戒者,减四点至六点。

十四　应减点数,在既得之点中无可减时,于将来之得点减之。

十五　事犯之情节重大者降一级或二级,在同一阶级而三十日以内二次被处惩罚,或六十日以内三次被处惩罚者亦同。

十六　在第一期或第二期者,应被处罚,并有降级相当之情状者。达下列得点止,停止进级。

(一)在第一期应降二级者　千四百四十点

(二)在第一期应降一级,在第二期应降二级者。　七百二十点

在第二期降一级时,计算既得之点数。

十七　分类及阶级于监狱官会议决定之。

十八　老衰者、喑哑者、低能者,或认为有精神异状及其他特别事故者,不适用本章程之全部或一部。

十九　本规程自大正六年十一月一日起施行。

以下条补则

二十　本规程施行时,旧规程之阶级处遇者,编入同一之分类及阶级,计算其得点。依旧规程附则在特别之阶级者,编入本规程

之第三期第一类。

在旧规程之第一期、第二期者,重新分类。

二十一　作业赏与金之计算,比照新旧依其高率。

二十二　达规定之点数后十五日内刑期即可终结者,得不为进级。

二十三　受赏表者,依阶级处遇表所定外,予以监狱法施行规则第百五十四条之优遇。

二十四　作业赏与金计算率之增减,自决定之当日行之。

二十五　依监狱法施行规则第七十二条,作业赏与金增加率为十分之三。

二十六　阶级处遇表之阶级别,只限于刑期,不拘刑数,多寡均视作一刑期。其执行完了或刑事被告人羁押日数算入刑期者,均依判决之刑期区别之。

囚人分类、分期处遇表

分类	第一期	第二期	第三期	第四期	第五期
	至得点七百二十点止置本期(三月)	至得点二千七百点止置本期(三月)	刑期未满六年者至得点二千九百二十点止(一年),刑期六年以上者至得点四千三百六十点止置本期(一年六月)	刑期未满六年者至得点四千三百六十点止(一年),刑期六年以上者至得点五千八百四十点止置本期(二年)	
第一类 (一)初入监无犯罪之习惯或堕落之习癖者,点之习癖,但行状不良而有恶化他人之虞者编入第二类	(一)独居监禁 (二)出监房时使加覆面 (三)卧具夏季三布蒲团一枚,其他五布蒲团一枚,贷与箱枕 (四)贷与箱枕 (五)书籍以监狱所备之关于修身宗教者一册为限,许其阅读 (六)接见十五分钟以内 (七)课以趣味少之作业 (八)作业赏与金	(一)夜间独居监禁或杂居监禁,杂居监禁者在杂居寝室施锭 (二)卧具夏季三布蒲团一枚,其他二布蒲团二枚挂蒲团二枚 (三)书籍以监狱所备之关于职业宗教者为限,许其阅读 (四)接见二十分钟以内 (五)夜间寝室内贷与尿瓶	(一)杂居监禁寝房室不施锭 (二)贷与席枕 (三)书籍以监狱所备考为限许其阅读 (四)接见三十分钟以内 (五)课以普通之作业 (六)赏与金计算率十分之二或三·五 (七)每星期给鱼肉或兽肉菜三次 (八)在本期经过刑期三分之二又	(一)许其阅读私有书籍 (二)课以趣味多之作业 (三)作业赏与金计算率十分之三·五 (四)每星期给鱼肉或兽肉菜三次 (五)在本期经过刑期三分之二,又得点达四百八十点,给赏表一个,其他同第三期	(一)许其在图书室内阅读图书 (二)作业赏与金计算率十分之三·五或四 (三)每日给茶一次 (四)在本期得点达七百二十点以上,给赏表一个 (五)已有赏表一个者达二千一百二十点,有二个者达四千三百六十点,更给赏表一个 (六)在本期得赏

第四章　阶级制

续表

第 一 期	第 二 期	第 三 期	第 四 期	第 五 期
计算率十分之一 (九)每星期给鱼肉或兽肉菜一次	(六)作业赏与金计算率十分之一·五,其他同第一期	得点达二百四十点以上,给赏表一个 其他同第二期		表者更达五千八百四十点,给赏表一个 (七)在本期而得赏表三个,并残刑一年以内者,许其听特别讲话
第二类 (一)初入监稍有犯罪之习惯或堕落之习癖者 (二)曾被起诉缓刑或曾前科,而犯罪之习惯或堕落之习癖未著者 (三)违背假释管束规则,而被取消假释者 (四)由第一类转入者 (五)有前列各项之一,而所行状不良有	同第一类	(一)接见二十分钟以内 (二)作业赏与金计算率十分之二·五,其他同第一类	(一)作业赏与金计算率十分之二·五或三,其他同第一类	(一)作业赏与金计算率十分之三或三·五,其他同第一类

续表

	第一期	第二期	第三期	第四期	第五期
恶化他人之虞者编入第三类 第三类 (一)有犯罪之习惯或堕落之习癖者 (二)受起诉或缓刑之处分者 (三)因更犯罪或余罪之发觉被取消假释或缓刑者 (四)执行停止中更犯罪者 (五)有前科者 (六)由第二类转入者	同第二类	同第二类	(一)书籍以监狱所备之关于修身宗教职业者为限,许其阅读 (二)接见十五分钟以内 (三)课以趣味少之作业 (四)作业赏与金计算率十分之一·五 (五)每星期给鱼肉或兽肉菜一饮,其他同第二类	(一)书籍以监狱所备者为限,许其阅读 (二)接见二十分钟以内 (三)课以普通之作业 (四)作业赏与金计算率十分之一·五或二 (五)每星期给兽肉菜二饮,肉或兽肉菜二饮,其他同第二类	(一)许其读私有书籍 (二)作业赏与金计算率十分之二·五或三,其他同第二类

乙　施行手续

一　独居监主管看守长,至少每四日一次,教诲师每七日一次,监狱医三十日一次,精密视察独居监禁者之性行及健康状态,于进级移监或释放时,报告其意见于典狱长。

二　独居监应备教诲原簿,及第一号样式之特别调查表,第二号样式之入监时感想录,以供巡视官吏之参考。

三　独居监应备第三号样式之巡视表,以备巡视者之盖章。

四　新入监者之身分簿、身上票,第八、第十、第十三、第十八各项,由独居监主管看守长,第十九特别调查表,由教诲师各于入监后三日内,调查记入之。

前项调查务依关于处遇上最要之资料,描写其真相。

刑期不满一年者,特别调查表得省略之。

五　新入监者,监禁于第一独居监。

前条调查完毕,决定分类时,先将依照规程(阶级处遇规程以下同)第五条该当第一类者,收容于第二独居监,其监房有余裕时,再监禁第二类者。

六　第一第二独居监禁者之入俗运动教诲等,应注意分类,勿使混同。

七　夜间作业,其就业者之特点标准,依别表行之。

八　受刑者之得点,每日由监房或工场主管看守记入于第四号样式之采点票,并整理之。

九　看守长每月一次,将该管受刑者之得点成绩,记入于第五号样式之得点录,阶级之升降,或释放时,须随时记入。

十　有规程第二条、第三条、第十二条、第十三条、第十五条之分类变更阶级升降，或减点处分时，主管看守长，速通知该管看守执行。进级释放时，应使记载第二号样式之进级感想录，或出监时感想录。

十一　监房或工场主管看守，应于每月初为规程第十条第三项之告知。

十二　主管看守长看守等，应常注意于受刑者之个性及行状分类，或第四条之调查记载，如认为有相当之变更时，应申报其事由。

十三　关于受刑者之行动，由主管看守等，加以注意时，应申报其事实于主管看守长。

前项报告看守长，应记入于第六号样式行状采点簿。

屡犯同一之过失，或怠慢，或放纵行为时，由看守长加以训戒。

违犯事项，依情节之轻重，分别训戒，或申请惩罚。

十四　主管看守长、看守，或监狱医、教诲师，认为有逃走狂暴煽动自杀精神异状，及其他应加注意者时，应即申报，在不适用阶级处遇规程者亦同。

因前项事故被付特别视察者，戒护主任，应记入于第七号样式之注意人名簿，使该管看守，每日申报其行动。

十五　主管看守长，每星期一次，依采点票调察进级，及赏与者之有无，报告戒护主任。

十六　应为进级或分类之审议者，由戒护主任应为移监，或释放时之行状审查者，由文书主任豫先通知关系各主任，并提出监狱官会议。

进级或分类之变更，先由主管看守长具意见于身分簿，再提出于戒护主任。

十七　分类阶级及其行动记入于身分簿表纸上部栏外。

十八　得点录区别分类及阶级,由戒护股保管之,释放后订入身分簿。

特别调查表入监进级及出监当时之感想录,即订入身分簿。

十九　分类阶级识别票,由戒护股管理之。

		昼间作业	夜间作业
以工作分量为科程之作业	科程终了	六点	二点
	科程七分以上	五点五分	一点五分
	科程七分未满	五点	一点
以时间为科程之作业	分为三等级者	一等	六点	二点
		二等	五点五分	一点五分
		三等	五点	一点
	分为四等级者	一等 二等	六点	二点
		三等	五点五分	一点五分
		四等	五点	一点
	分为五等级者	一等 二等	六点	二点
		三等 四等	五点五分	一点五分
		五等	五点	一点

第一号样式

特别调查表　（第一号样式）	番号 姓名	第　　　号
生育及家庭之状况	历	

续表

经		犯罪时之意思及状况	
赃物处分		入监时悛改之状况	
就缚事由		在监中处遇意见	
犯罪事由		出狱后之归住地及其职业	
性质习癖			
心理的特征		出狱后之保护	
生理的特征			
特别事项		备考	
年　　月　　日　　主查教诲师			

第二号样式

	入监时感想录　　　　　（甲）	番号姓名	第　　号
第一	现在打算如何立身试书之		
第二	现在心内所感之事试举其大者书之（不论喜怒哀乐）		
第三	欲享福应如何做去		
第四	何故生犯罪心		
第五	犯罪时之心绪如何		
第六	犯罪所得之金品多归何用		
第七	受裁判宣告后之心绪如何		
第八	我身之行为有自觉不良者,其不良之行为为何		
第九	入监时对于父母兄弟姊妹妻子等之感想		
第十	欲免疾病灾难不景气等时手头之困难,应如何做法		

第二号样式

	进级感想录　　　　　（乙）	番号姓名	第　　号
第一	如何能进级		
第二	以后应有如何之注意		
第三	前次进级时与此次进级时感想有无变更		
第四	其他因进级而起之各种感想试记之		

第二号样式

出狱时感想录	（丙）	番号姓名	第　　号
第一	在监中特感痛苦之事，又特感欢喜之事		
第二	就官吏之处理上以为不当之事，又就官吏之处理上以为适当之事		
第三	囚人间暗中所见所闻之事		
第四	听教诲时所感之事 又所读之书，以何书为好		
第五	在监中自行觉悟之事，出监后要想实行之事		

第三号样式

		独居监巡视表					年　月
第　独　居　监	日	东　监		西　监	南　监	北　监	
		全部	一部				
	日						
	日						
	日						
	日						
	日						
	日						
	日						
	日						
	日						
	日						
	日						

第四章 阶级制

第四号样式

入监	罪名		第号
年月日	前科	科程 科程七分 业目 始期 第期 独居 年月日	
满期 年月日	规定点数	科程 科程七分 业目 豫定终期 第类 年月日	
刑期 年月日		科程 科程七分 业目 残点数 前月迄之得点 点	

年月		昼间作业		夜间作业		得点合计	减点	备考
	日	业目 科程	得点	业目 科程	得点			
	一日							
	二日							
	三日							
	四日							
	五日							
	六日							
	七日							
	八日							

采点票

续表

九日	十日	十一日	十二日	十三日	十四日	十五日	十六日	十七日	十八日	十九日	二十日	二十一日	二十二日	二十三日	二十四日

续表

	昼间作业科程	完		夜间作业科程	完		低销点数 点	备考
		七分以上 日	七分未满 日		七分以上 日	七分未满 日		
二十五日								
二十六日								
二十七日								
二十八日								
二十九日								
三十日								
三十一日								
合计								

采点票填用法

一　规定点数栏，记载处遇规程别表各期栏所揭之点数。

二　前月迄之得点栏记载始期，以后得点抵销之累计。

三　残点数栏于规定点数内除去前月迄之得点，以所差之点计入之。

四　预定终期栏调查由第一期至第四期每期自始期起终期迄之年月日，以最终相当之年月日记载之第五期之最终记满期日。

年者依历，月者以三十日计算。

但于未达各期之终期前而期满了者记载期满之日。

五　业目之栏一个月中为同一业种时，即记载一种，同月中而有数种之业种变更时，记载其变更之业种。

六　科程栏科程终了之日记（了）。未达科程仅止七分以上记（七上）。七分未满记（七未）。

七　得点栏科程终了之日记（八）。七分以上记（七）。七分未满记（六）。

八　减点栏记载因惩罚及其他灭点之点数。

九　备考栏记载减点之理由及其他特别事由。

十　本票每月末日及前列残点数销尽之当日，即提出于主管看守长。

十一　本票每遇入监者及分类之变更或阶级之升降时，由主管看守长记入前列各要项交付该管看守。

十二　本票合计栏各项由主管看守长合计记入。

十三　被减得点者无既得之点数时，其不足之点数，于残点数栏朱书之，于该月以后之得点偿却渐次削减。

十四　本票于终结后由戒护股保管之。

第五号样式

甲得点录	第 一 期	规定点数			点	第	号
	第 二 期	规定点数			点		
	年　月	得　点	残　点	摘　要		决　定	
	年　月						
	年　月						
	年　月						
	年　月						

第五号样式

乙得点录	第五号样式						
	第　期	规定点数	点	第第	类类	第	号
	年　月						
	年　月						
	年　月						
	年　月						
	年　月						

得点录填用法

一　甲得点录，以用于第一期及第二期者为主。（第一期、第二期通用一纸）乙得点录，第三期以上者用之。每期更换用纸。

二　甲得点录依采点票记其得点成绩。

三　因分类之变更，及阶级之升降，移监或释放等，于月半记载其得点时，附记载该月之日数及理由于摘要栏。

四　关于分类之变更，及阶级升降等，监狱官会议之决议，记载于决定栏内。

第六号样式

		第　类第　期	番号氏名	
行状采点簿	自　年　月	日　至	年　月	日
报告番号	事　项	件　数	报告番号	事　项	件　数
第　号			第　号		
第　号			第　号		
第　号			第　号		
第　号			第　号		
第　号			第　号		

第七号样式

监房	番号	氏名	罪质刑期	刑期终了	出监	摘要	备考

丙　不适用阶级处遇规程之受刑者的处遇

一　阶级处遇规程,全部不适用者,除监狱法及同施行规则所定外,依以下各条处理之。不适用阶级处遇规程之一部者,随时诠定其处遇。

二　作业赏与金,每月审查行状及作业之成绩,依下率计算之。

(一)行状善良而作业科程完了者　　　十分之四

(二)行状普通而作业科程完了者　　　十分之三

(三)行状不良而作业科程完了者　　　十分之二

(四)行状善良而作业科程不完了者　　十分之二

(五)行状普通而作业科程不完了者　　十分之一・五

(六)行状不良而作业科程不完了者　　十分之一

累犯者,而该当前项第一号时十分之三,该当第二号时十分之一,该当第三号十分之一・五。

三　作业赏与金计算率,自查定之当月起行之,因赏遇及其他处遇异动之作业赏与金计算率,准用阶级处遇规程补则第三条。

监狱法施行规则第七十二条之作业赏与金增加率,准用同第四条。

四　副食物,每星期给鱼肉,或兽肉菜二次。

五　于杂居监寝室施用锁钥并备尿瓶。

六　卧具贷与箱枕及蒲团一枚。(夏期三布,其他五布)

七　教诲、入浴、运动、搜检之手续,独居监禁者,准阶级处遇第一期。杂居监禁者,准同第二期。以后身上及行状并其他之调查,依入出监处遇规程并受刑者行状视察及赏遇规程之规定。

丁　独居监受刑者处遇概要

一　监禁于独居监之受刑者,使在昼夜分房,寝食并作业不得互相接触,其因接见、运动、入浴、理发等不得已而出房时,必须加以覆面,使之不能相识,一面厉行纪律,督励作业,于孤独寂寥之下,使感纪律之森严,作业之趣味,以期行刑改善之正确。

二 独居监设有之杂居监房,一房定额三人,收容因精神身体之状况认为独居有害者,或服杂役之受刑者。前项杂居监房收容服杂役者以外之受刑者时,须受典狱之许可。

三 入监者于入监时,身上一切调查完毕,即收容于第一独居监预定之监房,以后之调查就居房行之。

四 覆面以接见官吏时为限得免之。

于第一独居监教诲堂坐席后,可脱覆面,起立前再著。

五 开房扉时从房内视线所达范围内之前面监房不得开扉,若开扉前在房者停立,或从一定之座位前进,而接近房扉时,应先使著座所定之位置。

六 受刑者不论在监房内外,并不问其以言语形容或其他方法为意思之交换,均应严禁。

七 对于在房者之作业,及其他物品之供给或收回等,均由主管看守处理之,若不得已而使用杂役受刑者时,务须由看守监视。

排泄物之出入扫除等,于看守监视之下,使杂役受刑者行之。

八 诊察教诲及简单之调查,务须就居房行之。

九 信书及书类使于居房为收到之证明后,检明纸数,再行授受。

十 入浴时须使戒护者立于浴槽之前面,严重监视之。

十一 理发剃髯于一定之场所,逐一行之。

十二 病者务使休养于居房,其移送病监者,以不妨碍治疗为限,须收容于独居房。

十三　除教诲、运动、入浴及施行训示时外,不得使数人集合于同一场所。

十四　受刑者除雨天外,每日三十分钟,使徒步运动。

不堪运动者,使于看守之视线内徐步。

运动至少确保五步之间隔。

十五　运动每监房一翼为一组,不得混同。

第四节　江苏上海第二特区监狱在监人分班行状考核办法

第一条　本监为考核在监人行状及作业、教诲、教育等成绩起见,采用按日记分法。

第二条　按日记分法,分别用表四种,如下:

（一）行状按日记分表　　　附表式一

（二）作业按日记分表　　　附表式二

（三）教诲按日记分表　　　附表式三

（四）教育按日记分表　　　附表式四

第三条　行状按日记分表,由第二科科长督饬主管人记载,作业按日记分表,由第二、三科两科长,督饬主管人记载,教诲按日记分表,由教诲师记载,教育按日记分表,由教师记载。

第四条　各表应按平均分数多少,照下列标准,分别注明优劣。

（一）善良　　　九十分以上至一百分

（二）良　　　　九十分未满八十分以上

（三）稍良　　　八十分未满七十分以上

（四）普通　　　　七十分未满六十分以上

（五）稍不良　　　六十分未满五十分以上

（六）不良　　　　五十分未满

各表科目中,如有欠缺或认为不应记分者,则填以(×)符号。

第五条　各科记分表,应随时填记,每一个月核算一次,各主管科所长官,须督饬主管人,于次月五日前,办结盖章,汇送典狱长复核。

第六条　各种记分表,为行状录作成之根据,应按月编入身分簿,其每月平均分数,并应由身分簿主管人员,分别填入行状录相当各栏,以备会议审查。

第七条　行状录系照行状、作业、教诲、教育四项成绩,划分为四柱,四柱所填分数,即系各表月终平均分数,届考核期,总平均一次,应照下列百分法计算,

（一）行状　　　　百分之三十

（二）作业　　　　百分之三十

（三）教诲　　　　百分之二十

（四）教育　　　　百分之二十

第八条　在监人行状,计分三班,每班二级,规定如下：

（一）甲班　　　　第一级　　　　第二级

（二）乙班　　　　第三级　　　　第四级

（三）丙班　　　　第五级　　　　第六级

第九条　新入监者,列入丙班六级,刑期在一年半以下或残余刑期不满一年半者,不列班级。

第十条　待遇在监人,以班级之高低,依照下表处理之：

在监人班级待遇表

班	级	接见 每月次数	接见 每次时间（分钟）	接见 接见人	书信 每日次数	书信 通信人	饮食	赏与金	书籍	赏表	附记
甲	一	除规定外增加三次	五十	不限亲属	除规定外增加三次	不限亲属	每半月赏给菜一次	按服役所获益金给十分之三	得在图书室阅读	红地	
甲	二	除规定外增加二次	四十	不限亲属	除规定外增加二次	不限亲属	每月赏给菜一次	按服役金获益金给十分之二.五	得自由选择借阅图书室书本	黄地	
乙	三	除规定外增加一次	三五	不限亲属	除规定外增加一次	不限亲属	每两月赏给菜一次	按服役所获益金给十分之二	得自由选择借阅图书室书本	蓝地	
乙	四	除规定外增加一次	三十	不限亲属	除规定外增加一次	不限亲属	每三月赏给菜一次	按服役所获益金给十分之一.五	得自由选择借阅图书室书本	白地	
丙	五	照规定	二五	限于亲属	照规定	限于亲属	无	按服役所获益金给十分之一	限于借阅图书室身书籍	无	
丙	六	照规定	二十	限于亲属	照规定	限于亲属	无	按服役金获益金十分之零五	限于课程书籍	无	

第十一条　在监人于考核期间内,曾受监狱规则第八十六条各项规定之惩罚者,审查时,照下列标准。

在总平均分数内,予以扣分。

(一)受面责处分,一次扣分五厘。

(二)受一月内停止赏遇一次,扣分一分。

(三)受二月内停止赏遇一次,扣分二分。

(四)受三月内停止赏遇一次,扣分三分。

(五)受撤销赏遇者,扣分四分。

(六)受停止发受书信及接见一次,均各扣分五分。

(七)受一月内停止阅读书籍一次,扣分六分。

(八)受二月内停止阅读书籍一次,扣分七分。

(九)受三月内停止阅读书籍一次,扣分八分。

(十)受停止运动一次,扣分二分。

(十一)受减削赏与金之一部一次,扣分三分。

(十二)受减削赏与金之全部一次,扣分五分。

(十三)受一星期之慎独者,扣分十分。

(十四)受二星期之慎独者,扣分十五分。

(十五)受三星期之慎独者,扣分二十分。

(十六)受一月内之慎独者,扣分二十五分。

(十七)受二月内之慎独者,扣分三十分。

如各种处分并科,分数并扣之。

第十二条　在监人班级之升降,有期徒刑,以刑期之半数计,无期徒刑以十年计,每经过六分之一,经狱务会议审查一次,平均分数在八十分以上者;升级。六十分以上,未满八十分者,留级。六十分未满者,降级。

上项刑期半数,遇有羁押抵折日数,应除去以所余之刑期计算之。

第十三条　每次审查时,其成绩列入善良等者,经狱务会议之同意,得予超升一级。

第十四条　在监人有监狱规则第八十五条所列各款行为之一,除照该条规定,酌量赏给金钱外,经狱务会议之同意,得超升班级,其受监狱规则第八十六条第九款之惩罚者,亦得特别降级。

第十五条　在监人升至甲班一级,如刑期合于刑法假释条文,并得狱务会议同意者,即呈请假释。

第十六条　本办法于二十四年(1935年)四月修改,呈奉江苏高等法院第三分院转奉,司法行政部第八二四七号指令,核准施行。

第二编　行刑制度

行状按日记分表

行状按日记分表 科目 分数 日期	服从	言行	情感	惜物	卫生	合计	备考
一日							
二日							
三日							
四日							
五日							
六日							
七日							
八日							
九日							
十日							
十一日							
十二日							
十三日							
十四日							
十五日							
十六日							
总平均							

番号　　第　　号
姓名

典狱长　　第二科科长　　主管人

行状按日记分表

行状按日记分表 科目 分数 日期	服从	言行	情感	惜物	卫生	合计	备考
十七日							
十八日							
十九日							
二十日							
二十一日							
二十二日							
二十三日							
二十四日							
二十五日							
二十六日							
二十七日							
二十八日							
二十九日							
三十日							
三十一日							
统计							
良否标准							

上海第二特区监狱

作业按日记分表

工场别	番号	姓名			第　号		
科目　分数　日期	课程	精细	敏速	节用材料	爱惜器械	合计	备考
一日							
二日							
三日							
四日							
五日							
六日							
七日							
八日							
九日							
十日							
十一日							
十二日							
十三日							
十四日							
十五日							
十六日							
总计							
平均							

作业按日记分表

典狱长		第　号	科科长			主管人	
科目　分数　日期	课程	精细	敏速	节用材料	爱惜器械	合计	备考
十七日							
十八日							
十九日							
二十日							
二十一日							
二十二日							
二十三日							
二十四日							
二十五日							
二十六日							
二十七日							
二十八日							
二十九日							
三十日							
三十一日							
统计							
良否标准							

上海第二特区监狱

教诲按日记分表　　第　番号　姓名　　　　　

教诲按日记分表 科目 分数 日期	个人教诲	类别教诲	集合教诲	合计	备考
一日					
二日					
三日					
四日					
五日					
六日					
七日					
八日					
九日					
十日					
十一日					
十二日					
十三日					
十四日					
十五日					
十六日					
总平均					

教诲按日记分表　　典狱长　　教诲师　　主管人

科目 分数 日期	个人教诲	类别教诲	集合教诲	合计	备考
十七日					
十八日					
十九日					
二十日					
二十一日					
二十二日					
二十三日					
二十四日					
二十五日					
二十六日					
二十七日					
二十八日					
二十九日					
三十日					
三十一日					
统计					
良否标准					

上海第二特区监狱

教育按日记分表

典狱长　　　　　教师　　　　　主管人

番号　　　第　　　号
姓名

科目\日期	修身党义	国文	算术	习字	常识	其他	合计	备考
一日								
二日								
三日								
四日								
五日								
六日								
七日								
八日								
九日								
十日								
十一日								
十二日								
十三日								
十四日								
十五日								
十六日								
十七日								
十八日								
十九日								
二十日								
二十一日								
二十二日								
二十三日								
二十四日								
二十五日								
二十六日								
二十七日								
二十八日								
二十九日								
三十日								
三十一日								
总计								
平均								
良否标准								

上海第二特区监狱

第五章 假释制

第一节 假释制之定义

假释,又称假出狱,或有条件释放,为阶级制最后之一时期,即未用阶级制监狱之国家,亦多采用之者。为改善犯人奖掖向上之良法。考字义,假之对象曰真,何谓真释?即期满开释后完全自由,无复受拘束之谓,而假释虽亦系脱离监狱生活,然仍为一种社会生活之试验,且受种种限制,如释后有违反假释规定,监狱得随即撤销假释,命犯人还监,补足刑期之执行。此制始自英国,渐及欧洲大陆,今则不过各国运用方法各异,而其范围亦有广狭。

假释虽与相类似之减刑、赦免、保释等同为未届刑期而出狱之办法,然其性质迥不相同。如(一)苏俄之二天工作抵三日拘禁之规定。(二)因有新证据新事实发生或庆典而减轻其罪刑。(三)经特赦未届期满而即开释。(四)因病在监,不能施适当治疗或有传染危险而保释出外医治或停止执行等。此皆另有其法律之规定,非假释也。

所谓假释,须包涵下列条件:(一)须有奖励犯人在监悛改之目的。(二)须犯人在监有行状改良悛悔之实据。(三)犯人出狱后须就正业及遵守一定规则。(四)出狱后其悛改行状,是否继续,仍受监狱管束及监视。至假释与缓刑,虽同为近世刑事之良好制度,而其意义与运用,亦截然不同。兹将美国《刑事杂志》所载,关于假出狱缓刑一节,照缮如下,当知其梗概也。

所谓假释,乃定罪已监禁之犯人,刑期未满,而使具结遵守一定之条件而开释之,与缓刑不同。缓刑者,罪名已定,而犹豫刑之执行,使具结于一定期内,遵守一定之条件而开释之也。前者欧洲大陆,谓之条件的出狱,英国谓之假释票(Ticket of leave)。后者欧洲大陆谓之条件的判决,英国谓之条件开释。

第二节　假释制之渊源

假释制在一七九〇年,有裴立浦者任澳洲新南威尔士州长,于其出发赴任时,英国授以假释之权。其时英流放多数犯人于澳,裴氏假释之法,乃于流犯初至时,予以监禁,置之于察看级(Probation),使服劳役,如其行为良善,则假释之,而给以假释票(Conditional liberation on ticket of leave),再进一级,则完全自由,此假释制之发源也。一八四〇年,麦可诺尼在澳东试行记分之制,一八五五年,克劳甫顿,在爱尔兰行阶级之制,最后阶级,即假释之规定。此制乃由管理犯人实验之所得,非得于理论,故能发挥光大而普及于世界各国也。

又以十八十九世纪之间,"赏之效大于罚之效"之观念发达,犯人在监恪守规则得短缩刑期。一八一七年,纽约首先规定犯人刑期五年以上,刑期已逾四分之三,遵守规则,又得典狱之证明,而其工作所得存款在十五元以上,则监狱视察员,得开释之。一八三六年,天乃西州继之订同类之律,犯人一月不犯规则,得减刑期二三月。一八五六年我海我州,颁同类之律,自后各州渐次模仿行之,而以义利诺州,办理最为周密。今则各州以及英、法、瑞士、比利时、丹麦、德、苏俄、日本、我国等,皆采为阶级制度之最后阶段。

美国客知威博士曰:"假出狱最可注意之短处,在于执行者无专门学识,且除对犯人之责任外,无相当注意于社会之责任"。故一九二五年,美之编斯非尼亚州,有审查研究假释律会议之组织,会议通过假释之应用须包括三大根本要素,以济其弊,兹录于次:

(一)在监犯人,当教育之,及使其习艺,以备再入社会。

(二)在监犯人,当由假释委员会对各个人慎重审查,其终将为社会害者监之,其可享自由者,早假释之。

(三)出狱人监察员之数,当足供不断的、有效的同情之监督之用。

第三节　假释制之在我国

我国自民元(1911年)颁行《新刑律》以来,即有假释之规定(第六十七条),凡无期徒刑执行逾十年,有期徒刑逾二分之一,而有悛悔实据,得许假释出狱,但有期徒刑执行最少须经过三年,至关于事实上之条件,《监狱规则》(民二颁布者)第八十七至九十一条,另有细密之规定。司法内务两部,复会订《假释管理规则》,载有假释出狱人,应遵守事项,以为约束假释出狱者之根据。依照上项法则,首先办理假释者,为前北京监狱(即今河北第一监狱),被假释出狱之第一人,为清光绪二十八年(1902年)犯强盗罪判处斩监候秋审缓决十次,例应改遣,因《新刑律》施行,改处徒刑十二年之监犯,贾丫头即贾万和其人,其时执行刑期已逾十分之九,经该监第一次审查行状,认定行状善良,有改悔实据,查照《新刑律》第六十六条,呈奉司法部指令第二五三号核准假释出狱,保护管束机关,为该犯居住地宛平县西郊第四区自治会。该犯在监习藤竹业有年,假释后,即以做藤器生活,毫无越轨行为,此为我国假释出狱之创始,亦可谓假释制收效之第一次也。自后前宛平监狱(即今河北第二监狱)及各省新监,相继仿行,截至现在止,全国被假释人数,统计约在五千有零,其在假释期间,因违犯管束规则,或再犯罪受有期徒刑以上宣告,被撤消假释者,则不过千分之二。其余均能保持善行,回复社会生活,此制之在我国,又可谓成效大著矣。

民十七(1928年)及上年所颁布刑法,均仍有假释一章,不过前者有期徒刑执行最少期间,缩短为二年(第九十五条),后者又缩短为一年(第七十七条),在假释期中,前者更犯罪受拘役以上刑宣告,即须撤消(第九十四条),后者仍与《新刑律》规定同,其余无甚出入。是民十七所颁刑法,于被假释者之约束,似较严重也。兹为便于参考起见,将现行法令,关于办理假释条件,分列于次:

假释须备条件
(1)有期徒刑逾二分之一,执行满一年,无期徒刑逾十年。(《刑法》第七十七条)
(2)在监有悛悔实据(《刑法》同上条《监狱规则》第九一条)。
(3)得监狱会议多数同意。(《监狱规则》同上条)
(4)须备身分簿及会议多数同意书(《监狱规则》第九二条),呈报监督官署转呈司法行政部:

被假释者在假释期中应守事项:
(1) 就正当职业。(《监狱规则》第九三条以下同)
(2) 保持善行。
(3) 受监狱检察官保护管束机关等之监督。
(4) 移居或十日以上之旅行,须得监督官署许可。
(5) 保护管束规则其他之规定。

监狱奉准假释应通知之机关:
(1) 被假释人犯居住地,地方法院检察官。
(2) 原判决地方法院检察官。
(3) 居住地公安局。

第四节 结论

假释为刑事新主义国家一致采取之制度,其最优越之处,即在能减少行为改善之犯罪者之刑期,而易以实际之普通生活,在法律监视之下,使其自然逐渐得以适应社会环境,至减少狱费,鼓励自新,犹其次也。西人谓犯人出狱如"自楼降地",此制即阶梯也。余以为自楼降地,有阶梯扶持,固可称稳妥,但欲保万全,绝无颠踬之险,于梯之本身之制造载重等,应加以相当之研究,故假释制之施行,不可不注意下列两点:

(一)监狱管理犯人,必用科学方法。当其初入监时,务分别审查其生理精神状态,及理智、情绪、宗教、教育、职业、经济、社会环境等真实情形,将近假释时,此项工作,更为重要,以便决定教育治疗处置方法,以及假释后之处置。

(二)在假释期间,必须有妥善切实负责之监督机关或人,及周密之管束方法,如察其有不能改悔者,随即拘入监狱,一九〇九年及一九二五年之万国监狱会议,均有此同样之议决案,诚恐一般狡猾犯人,用虚伪手段,欺人耳目,借图假释,如果事前审查真确,事后约束严密,制度本身既健全,当无何项危险也。

第六章　自治制[①]

第一节　自治制之意义

　　自治贵自尊，贵自重，既自尊、自重，岂肯干法犯纪，足证监狱中之犯罪者，原为一般缺乏自治能力之人，况被国法制裁，受刑罚惩治，而拘禁囹圄之中，原失去一切自由，尚何自治之可言？不过刑罚本质在改善，监禁主义在教育，对于犯罪者，当察其需要，予以德、智、体、种种之训练，以备回复社会之生活，自治为现代国民应具之常识与能力，缺乏自治，即为犯罪者之主要原因，则监狱谋消灭犯罪原因及养成完好国民人格计，不可不有自治之训练，更不可不有自治之组织，此美国监狱，所以有自治制之试行也。

　　考自治，即自己管理自己之意，其管理范围，当以自己或本团体事务为限，监犯自治，系假定监狱，为一个社会，监狱当局，为养成罪犯自治能力起见，对于犯人内部行政及犯人本身一切事务，使其尊重多数意见，用一定之方法，组织机关，自己经营，监狱长官，处于辅助指导监督地位而已。盖予以多量之自由及责任，借以陶养其自重心、利他心、公德心、互助心、服务心，种种之美德。其目的非仅在训练为

[①] Jumate self-government

奉公守法之囚民,而在养成为将来善良有用之公民也。

第二节 自治制施行之经过

此制在美国感化院,早有实行之者,而推行及于监狱,则始于一九一三年,美国纽约之奥蓬监狱(Auburn prison),奥斯蓬(Osbone)在该监狱手创自治同盟,同年十二月,奥氏任新新监狱典狱长,遂将前在奥蓬所订自治组织,加以修正,于一九一四年,施行自治制于新新监狱,未几,殷本矫正院,亦采用之。据奥斯蓬氏报告,此制施行以来,对于人犯自由范围虽从宽大,而其结果,脱逃犯行,均逐渐减少,作业收入增至一倍以上,再犯百分率,降至百分之十五,可谓成效大著。自美国监狱施行自治制收效以来,欧亚各国,多相继而起,如德之汉堡、英之脑顶干等成年监,日本之久留米、小田原、冈崎等少年监等是。

第三节 自治制之组织及权限

自治制之施行,以奥蓬监狱、新新监狱为最著,其内容组织,大同小异,均以称为自治议会者,为最高机关,新新监狱之自治议员,系依各工场之囚犯人数而选出,总数五十五人,任期六个月。选举时,各囚自由投票,监狱官宪不加干涉,由此项议员所组织之议会,即为自治同盟之最高统御机关,如国家之国会,重大事项,由议会会议决定,议会中复互选理事九名,以组织理事会,为行政枢纽,俨如内阁,除裁判事务外,所有一切行政事务,均以理事会为处理机关,内分会员、作业、卫生、教育、运动、娱乐、音乐、应接、外役九部,由九名理事,各长一部,有如内阁之各部也。必要时得置辅助人员。裁判部由理事以外之议员组织之,所以表现司法独立精神,对于违犯监狱纪律或自治同盟规约之一切行为,均有审理与宣告惩罚权限。裁判长由各议员轮流担任,其惩罚方法,则为停止会员资格及剥夺狱内一切特权,对于裁判部宣告有不服者,得控诉于监狱审判所。监狱审判所,由典狱长、监狱医主席、看守长三人所组成。自治同盟中之主事与书记,由理事会任命之,书记掌纪录及庶务,主事担任纪律之执行,除警察事务、日常风纪等之维持外,其他各集会之准备、会场之整理,亦须由主事为适当之处置,必要时得增置主事人数,或添设辅助员。

第四节　结论

余意管理犯人,在范围内予以相当自由,为自治之训练,借以造成法治国之公民,固法良意美。不过监狱首重纪律,行刑贵乎严正,如果监督指导得宜,不仅于纪纲无碍,且可表现一种极自然之秩序状态,否则流弊滋多矣。至于少年人犯。当理智情感发育滋长之际,皆有集合的、自动的行动之要求,不应处处抑制,绳以纪律,似宜用此制,以养成其社交同情、公德、公益,种种精神也。又阶级制之监狱,对于行为已有改善实据之最高级犯人,关于交谈、安息、娱乐、运动、书信、接见、阅报,种种皆从宽大,原为一种适应社会生活之准备,似可一面利用此最后时期,作一种自治之训练,借以完成改善之使命。

第三编

感化教育

第一章 概论

第一节 感化教育之意义及其范围

教育原有一般与特殊之别,一般教育,系专对普通幼年人而设。至于低能、残废、疾病、不良、犯罪、各种之幼年,则为特殊教育之任务。上述之各种幼年人,法国文豪嚣俄(Victor Hugo)称为:"如社会血液中之毒素"。于人类健全,关系极大,苟不察其需要,予以相当之教育,则不特幼年本身受莫大之牺牲,其影响于国家民族,则更深矣。故近代具有卓识超见之教育家,莫不奔走疾呼于特殊教育之设置也。感化教育者何?即对于绝对或相对不负刑事责任之犯罪幼年,不用刑罚制裁,而置之一定处所,施以特殊教育之谓也。详言之,即对于幼年之犯罪者,不仅审判之法官应有特别之组织与任用,且绝对不用刑罚,而采用教育方法,使之在精神上或状态上于相当时期内受感化,改变而为善良有为之青年人也。

以感化教育现今发达情形论之,其范围日广,可包括六种:(一)不良或有堕落及犯罪危险之幼年人。(二)幼年犯罪者。(三)成年犯罪者。(四)娼妓。(五)游民流氓等。(六)政治思想谬误者(如我国现在反省院受反省人犯)。对于此六种人,所施之教育,皆谓之感化教育。本编所研究者为上列第二种之感化教育,即我国《刑法》第八十六条所规定"因未满十四岁而不罚者,得令入感化教育处所,施以感化教育,因未满十八岁而减轻其刑者,得于刑之执行完毕或赦免后,令入感化教育处所,施以感化教育。但宣告三年以下有期徒刑,拘役或罚金者,得于执行前为之。感化教育期间为三年以下。第二项但书情形,依感化教育之执行,认为无执行之必要者,得免其刑之执行"。

盖少年人正身心发荣滋长之际,正值为善为恶彷徨歧途之时,徒以生理或社会种种原因,误罹法纲,触犯刑章,国家不可处以刑罚,而应设法扶掖而矫正之也。

第二节　感化院与少年监

感化教育者,即改善少年,遏止其犯罪之方法也,至担任此种事业之组织则为感化院或感化学校,据《大英百科全书》之解释:"感化学校,为幼年犯职业训练之一种组织。"绝无刑罚之意义。凡入院之幼年概以学生身分待遇之,系以感化为目的之一种强制教育,即我国《刑法》第八十六条所载,"因未满十四岁而不罚者,得令入感化教育处所,施以感化教育。"此项条文在我国列于保安处分之中,而在日本则于此种教育制度,另有《少年法》、《矫正院法》、《感化院法》等之颁行,要皆所以表示与刑罚有别也。故品行不良及有犯罪危险之幼年者,亦得送入感化院,施行感化教育。

至少年监系拘禁已达刑事责任年龄之少年犯,为少年犯执行刑罚之机关,日本《监狱法》第二条所载:"未满十八岁者,被处二月以上之惩役,拘禁于特设监狱,或在监狱内,分界为之。"特设监,即少年监也,又我国《监狱规则》第三条所载:"未满十八岁,监禁于幼年监。"第四条亦有幼年监设在同一区域内须严为分界之规定。近年以来,我国济南、武昌等处,且有少年监独立设立,此感化院与少年监不同之点也。

第自立布曼倡教育刑以来,刑事思潮,趋势一新,而感化主义尚焉。感化主义者何?盖举凡行刑机关无论其为成年监与少年监或感化院,其管理、训练、教养、卫生、一切设施,均建筑于此种主义之基础上,所以首先强制劳动,其用意并非使之受痛苦,乃在于予以职业训练,养成生活技能,勤勉习惯,且借以锻炼其身心,而勖其向善之诚也。又以德性薄弱,知识低微,为犯罪之普通缺陷,故用教诲宗教,为道德之修养,理性之培植,用教育为思想之改造,常识之灌输,智能之增长,更注重卫生设施培养健康之精神,充分之体魄,盖皆运用适宜制度,予以种种熏陶,俾达于反省自新之域,适合防卫社会之旨,是莫不以感化为体,教育为用。由此观之,感化院与少年监,其立法形式,固有差别,而其实质主义,则一也。

第二章　感化教育史

第一节　各国感化教育之略史

一七〇三年罗马教皇,以撒米岂尔僧院之一部,改造监狱,收容二十岁以下之幼年犯,及幼年人有堕落者,实行教养矫正之法,可谓为感化教育之起源。虽在此时期前,阿姆斯特丹地方,有将德性败坏之儿童,聚集于另一处所之办法。佛兰克(Francke)从事孤儿之救济,亦有将犯罪之孤儿,隔离之倡议。然其旨,皆不过消极使之与社会隔离,以杜恶性之传播。并无积极教养之义也。至一八一三年法国约罕内斯(Johannes Falk)所组织之"教友派",创立一职业学校,收容少年犯及堕落青年,以养成正当职业人格为主旨,成效宏大。旋有数处相继成立,如达消奥(Duesselthal)之农业训练,成绩尤著。英国自伊丽沙白(Elesabeth)女王,对于"失教儿童"(Neglected children)及幼年犯,深加注意,遂引起若干新制之探试。观英国之《贫律》(English Poor Law)即知其梗概,英国感化院之最先成立者,为一八一七年伯明罕(Bermingham)附近所设立之一所。一八三〇年前后,又有英人勃兰顿(Captain Brenton)主张,十六岁以下之犯罪儿童,不应拘禁狱中,当组织特殊机关训练之,据此种理想于牵斯卫克(Chiswick)地方,有一女子职业学校之创设。一八三三年卫寇（Wiekern）及其母亲在汉堡（Hamburg）之荒恩（Horn）地方所办之"赤的家"（The Rauhes House）其组织系用小屋制（Cottage Plan）之家庭训练，理论方法，一时称为新美。一八三九年法国得提弥剌（Demetz）之介绍于梅脱拉（Mettray）亦有同样之设施，称为感化院最善之处所，然皆为慈善会社之私有事业，一八四六年，得国会通过，由政府设立。一八四七年圣乔治（St. Georges）区域之感化院，且注意及有犯罪倾向之儿童，于是此项运动，日益发展。一八五四年感化院法（Reformatory Act）经国会通过，遂得到法律上之地位，其所定条例最著者：如（1）须有工艺训练。（2）管理采家庭式。（3）厉行假释。（4）少年家庭，如有经济来源，父母须担任一部分之费用。（5）收容少年年龄在十二岁以上十九岁以下。（6）监禁感化期间三年以上五年以下。自后日益进展，迄一九〇八年有《儿童法》之颁行，一般人称为《儿童宪章》（The Children's Charter），各大都会均有幼年法庭（Children's Court）之设立，专审理幼年犯罪案件。自后经数次改革，历年扩充，现在英国感化院达二百数十处，其中有少年感化学校，工艺训练学校，流浪儿童训练学校等之区别，合计男女人数在二万以上。

美国感化院，始于十九世纪初叶之教友派，及一八二四年在纽约州兰达儿岛（Randall's Island）所设之庇护所（The House of Refuge）。系由法律规定而来，其他各城市亦有仿办者。至现在各州之州立感化院，大都有悠久之历史，其名称时有变更，因期避免法律上之意义，往往改用一种极普通之名称。如一八四八年之Lyman School for Boys是也，以前对于训练，重在经济方面，认定贫穷为儿童犯罪之主要原因，经历年研究结果，方知道德问题尤为重要。至于倡议感化方法，当先养成幼年之自主及自尊之心理，则出自一八七〇年之全国监狱会议（National Prison Congress）勃洛克凡（Z. R. Brockway）之计划。至一八七六年委勃洛克凡为爱米拉感化院（Elmira Reformatory）管理员。一八七七年爱米拉制度，更得到法律上之承认，其根本原则认定：（一）罪犯有改良之可能。（二）罪犯改过迁善，为犯人权利，同时为国家义务。（三）改良犯人，当察个人需要而纠正之。（四）犯人改良，须设法使之自动。（五）应先决定犯人在狱时期之久暂，方可得到改良圆满结果。（六）改良手段，纯用教育方法，必使个人身心，因教育能获到自由之进展。同年马沙诸塞州（Massachusetts）在希旁（Sherborn）设立妇女感化院一所，一八八四年在康可达（Concorde）设有男感化院一所。

比利时对于感化教育之设施有二种：（甲）为学校监，收容未成年，而在刑法上有责任能力，其刑期在三月以上之少年人。少年监之责任，即幼年犯父母之责任，共有二所，一在刚城以工业为训练主体，一在林萨婆尔斯以农业为训练主体，工作虽异，而处遇方法则一致也。（乙）为国立教育所，收容十六岁以下无刑事责任能力之幼年犯，男女分别设立，其处遇分三级，纯用教育方法为改良张本，此外尚有病态儿童所，除用教育为德智之治疗外，并用医学方法为疾病之扫除。（详第一编第四章六节）

丹麦对于十五岁至二十一岁之少年犯，亦以教养代刑罚。教养期间，不由法院判定，法律亦仅有一年至三年之限制，全由少年监在限制内酌察需要而决定之也。

捷克有感化院二处：一在密古拉，专收容二十岁以下之少年犯，其刑期在六月以上者。一在哥夕施，其中分为两部：一部分收容刑期六月以上之少年犯，一部分收容道德堕落或缺陷之少年人，皆注重感化教育之实施。

苏俄对于少年犯,则重在集合劳工之训练。如布耳什服(Bolchiwes),温尼哥罗(Zwenegorad)等之劳工区域,收容少年人数有二千或一千余之多,俨如一乡村之组织。既不用围墙环绕,又无守卒驻防,而极少脱逃,盖采用精神戒护也。除努力于农工业之训练外,并有种种运动之设备,有称世界感化教育方法最人道者。

日本感化教育,为明治维新后改进司法制度之一端,其立法大抵采取欧美,其著者,为小田原、川越、松本三少年监,现改称少年刑务所,收容十五岁以上至十八岁之少年犯罪者,其中尤以小田原之少年刑务所为最著。据一九三四年我国赴日考察司法专员石志泉、洪文澜①两先生报告,该所专收少年受刑人,对于收容人教育,极为注意,每日须受二小时之教育,卫生亦较普通刑务所之设施甚为周至,并领有旧军舰一艘,停于浦贺海滨,称曰浦贺出张所,所内设渔捞训练所,讲授捕捞鱼类及其他水族,并水产制造之术。全国各府县设有大小感化院达五十余所,收容人数约一千二三百人。现所有感化院,国立者为琦玉县大门村之武藏野学院,收容品行不

---

① 石志泉(1885—1960),湖北孝感人。两度留学日本,获法学学士学位,入中国同盟会。1912年任湖北司法司科长,1914年任司法部编纂,奉天高等审判厅推事、庭长。1915年任北京政府大理院推事,1917年任司法部民事司司长,1918年任法典编纂会副总裁,1919年任修订法律馆总纂,1922年任司法部次长。在朝阳大学法学院、北京大学法律系主讲《民事诉讼法》。1932年任国民政府司法部常务次长,1948年任司法院副院长。1949年后去中国台湾,任资政、司法官训练所所长等。自何勤华:《中国法学史》第三卷,法律出版社2006年,第652页。
洪文澜(1891—1971),浙江富阳人。卒业于浙江法政学校,京师高等审判厅推事,擢升入大理院。1929年任最高法院推事,参与"判例"编纂。1935年以司法行政部民事司司长派赴日本考察司法,复任最高法院推事,兼中央政治学校等教授。1945年后,任司法院大法官,兼东吴大学法学院教授。新中国成立后,任《华东法学杂志》副主编、上海虹口区人大代表和政协委员等职。

良程度较高之少年人。此外办有成绩者为井之头学园、小笠原脩济学校、泷之川学校、巢鸭家庭学校，及其分校函馆训育院，下涩谷东京感化院、大阪府立脩德馆、小石川儿童一时保护所，以及妇女矫风保护所。至于横滨家庭学校，专为收容不良少女之唯一机关。大正二年四月，且有《矫正院法》之颁行，规定矫正院为国立，系收容少年审判所，移送《民法》第八百八十二条许可入院者之所。未满十六岁及十六岁以上者须各别收容，在院年龄，不得超过二十三岁。同年又有《感化院法》之修正公布，规定北海道及各府县应设置感化院，经费由各该地方负担，收容八岁以上未满十四岁之不良少年。于团体或私人设立之感化事业，得代用为感化院。

第二节　我国感化教育之起源及其现状

我国在鼎革以前，于犯罪或不良少年之教育问题，绝无人注意及之。民国成立，《暂行新刑律》第三十条，虽有未满十三岁人之行为不罚，十三岁以上未满十六岁之行为，得减轻本刑二分之一，均得因其情节施行感化教育之规定。但全国无论公私方面，并无感化机关之设立，此项刑法，等于具文。朝野上下，亦无人视为缺陷起而提议之者。迄民国十一年（1922年）二月司法部始有《感化学校暂行章程》之颁布，同年秋间，香山附近方有香山感化院，系香山慈幼会为教育不良儿童而设者。感化方法，以佛法为中心，虽不免偏重宗教色彩，而不得不称为我国感化教育之发轫。民十二年（1923年）司法部筹设感化教育机关，乃商诸香山感化院，合组为北京感化学校，校址在宣武门外下斜街，占地十四亩，令各省新监幼年犯,概移送该校施行感化,采用普通小学课程及工业之训练,德知兼施,以期达到"感化成人"之目的。此我国国立感化教育机关之创始也。

  国民政府成立以来,适世界刑事思潮日新月异之际,学者于此,鼓吹亦力,如十七年(1928年)五月首都全国教育会议俞庆棠氏提出囚犯施行感化教育案,经审查通过。未几,江苏省实验小学联合会第三次大会,有尚公小学提出《幼童当用感化方法》案。十九年(1930年)首都教育局,又有感化演讲之举办,第二次全国教育会议,于改进社会教育计划,内有筹备感化教育具体办法。民二十二年(1933年)司法行政部有济南少年监之设立,次年继有武昌少年监之设立,且有《少年监阶级处遇规程》,及《少年犯教育实施方案》等之颁行,实施方案中规定,应依三民主义之精神,授少年犯以相当之知识与技能,以正确其思想,养成其勤劳,俾能复归社会生活为宗旨。至现行《刑法》,且将感化教育,列为保安处分,对于少年犯已用教育代刑罚矣,其立法不可谓不新,虽现在两少年监收容人数共仅五六百人,以我国人口计,本不啻九牛一毛,但此项事业,已渐由理论而趋于实际,大非昔日之纸上谈兵者可同日而语。苟国人知事业关系之重要,努力进行,发挥光大,为犯罪或不良少年筹补救办法,即为整个民族谋复兴,此编者所馨香祷祝者也。

第三章　感化教育之实施制度及处遇规程

第一节　感化教育之实施制度

感化教育之实施方法，大别有二：一为家庭感化，一为集合感化。使本人家庭或其他适当之家庭执行之者，谓之家庭感化，由官立或私立之感化机关，称为感化院者（Reformatory）或其他特设之场所执行者，谓之集合感化。二者各有利弊，立法时应使当局者，得斟酌幼年状况而有自由选择之余地为宜。兹将家庭感化与集合感化之区别，及其利弊，述之于次：

第一款　家庭感化

家庭感化，在本人家庭执行者，自父母一方面言之，能使其洞悉教养子女之责任，于儿童方面言之，第一能养成其孝心。第二能使其幼年生活自然发达。第三能免恶习之濡染。第四教育能适应个人性质。第五能节省经费，种种利益，皆为其他各种感化方法所不及。然欲求此种适当之家庭，则殊非易事，何则？盖子弟之不良，多因家庭不能尽教养之任务所致，于此而犹欲期其收涵育熏陶之效,势必不能,但其间亦有因就学或就业等事,而脱离其贤父兄之羁绊,以致习于为恶者,此种儿童,则宜交还其家庭,使其父兄自任监督之责。总之非于必不得已时,勿侵害其亲权,致令与自然的家族关系,生疏隔之弊。故近今各国规定之感化法,皆家庭与集合并用,更非至家庭实不可用时,则不轻用集合也。至于他人家庭选择,尤非易事,第一须有相当名誉信用,而生活安适。第二须有教养保护儿童之热心与经验。第三须能予儿童以相当之衣、食、住及职业,非然者,仍不能收感化之实效,若其希图委托费之收入或由于生计困难者,则无论如何不可委托之也。

家庭感化法,苟得良善家庭而实施之,其利益,已如上述。但家庭感化,每不免缺少严密之纪律及种种之设备,故于适用上,须有相当之限制。凡犯罪行为过多者,以及不良少年之年龄较长,或有不良习癖已深者,又于生理机能上有特需健康之保护者,皆不宜用家庭感化,普鲁士感化法规定,凡儿童之适用家庭感化者有三种:(一)未达就学年龄者。(二)在就学年龄,而恶习未深者。(三)在感化院已见成绩者。由此观之,认年幼而恶习未深之儿童,为合于家庭感化之资格,认家庭感化为集合感化之试验的补充的必要机关,乃为学说及实验所一致者。

第二款 集合感化

集合感化,大抵多用之于感化院,感化院之组织制度,则有下列之三种:

甲 兵营式

其内部之组织与兵营同,教职员为将校,受感化之儿童为士卒,凡起卧饮食及其他一切进退,纪律严肃,此兵营式之感化院也。始于英国一八八三年取街中之顽童,编为童子军,为史密斯(W. A. Smith)在革拉斯哥所创立,其始不过数百人,至一八九一年,其数增至二万人,操演之外,尚有祈祷歌唱诸事。

此种制度,优劣互见,如对于顽劣儿童,加以严厉之约束,足以养成有规则之习惯,强健儿童之身体,是其利。然感化教育,重在感情上之熏陶,兵营式之组织,纯系服从命令,为最大关键,若以将校对士卒之威严,对付于儿童,使儿童畏威而受范,终非诚心悦服去恶就善。且军队教育,贵于整齐,感化教育,则宜斟酌个人之性格,以为改善。故兵营式之组织,实难消除根本上之恶性,是其缺陷之点也。

乙 家庭式

家庭式之组织,系收容若干儿童为一家,集合多数之家、为感化院。与家庭同,感化院之监督者对于幼年人,如父母对子女,其起居饮食与家庭无异,至对于幼年人之德育、智育、体育,则设学校以教之,故曰家庭式之感化院。如法国以儿童托之于有道德有热心之人家,离城市较远者,使儿童久之以寄居之家庭为可乐,自然能去邪归正。又如伦敦一八一八年,所创之幼童家庭制,即小小村落,以之处无告之儿童,入其内者,分班教授制鞋、耕耘、侍役、机师等职业,此外如巴拉多之制度,亦将十三岁以上之儿童,则令其苦作,以为将来生活之预备;至太幼之儿童,则抚养甚为周到,务令其有家庭同样之舒适,其居住之地,率在园林中,有壮健年轻之保姆保护之,此种家庭有设于乡村者,因乡间儿童不惯居城市也。对于青年女子,亦设立同样制度,于乡间建筑甚多茅舍,四面绕以园林,命名以豆花村、野茴乡村之类,每一茅舍,可容二十女孩,皆有女主人管束。〔其成绩最著者为英国之红岭（Red Hill）感化院，其院额定人数为三百名，分为六家，每家为五十人，家各有长，家长起卧饮食，与五十人俱，经理机关皆备，如浴室、炊场等，六家经费相同，而用途各异，饮食之优劣，各家不同，所以求合乎社会状况也。工场有五处，六家共之，此外有附属农作场，使儿童习种畜牧之业。家长必须有配偶而能兼教师、技师之任者，家长对于儿童，视同子弟，儿童对于家长，视如父母，院中体育，亦甚注重，又有音乐戏剧，皆使儿童为之。经费每年八千四百十六镑，每年每人食费平均二十八镑，此种制度，足以矫兵营式之流弊，使儿童陶冶于感化之中，固有之恶性，渐形消灭，收效实著。惟其重感情，而轻约束，易生不规则之习惯，至若每家收容人数，不能过多，需费浩繁，是其弊也。

丙　学校式

学校式之组织，与普通学校，颇相类似。其中关于教室、寝室、膳厅等，无不完备，管理员犹之学校中之教职员，受感化之儿童，犹之学校中之学生，故曰学校式之感化院，如斯巴格联第之儿童感化日校制度，此校专为六岁至十二岁顽童而设，实行强迫教育制度，以便儿童之不可教而不能得教育机会者，不致再游荡而无依归，观于密兰此种学校二所，可以证明。自一八四〇年以来，共收七百人，然离校之后，无一人定罪者。

此种制度，揆其优点，约有三端：经费经济，实行非艰，一也。能容多数之儿童，教材易得，并无恃爱生玩之弊，可免家庭式之缺点，二也。循循善诱，注重个性，无兵营式之严，使儿童纯感于德，而不摄于威，三也。三制之中，实以学校式为最妥善，故各国多乐于采用此制。

第二节 感化教育之处遇规程

感化教育之实施制度,前已述其大概矣。至其处遇规程,各国亦不一致,如美之欧本矫正院,系采自治制。纽约州之哀尔迈拉感化院及我国山东少年监,系采阶级制。

又感化教育有用之于感化院者,有用之于监狱者,如前述之欧本感化院,绝无刑罚之性质,日本《少年法》保安处分规定之矫正院、感化院是也。用之于监狱者,如我国《监狱规则》第三条之规定,及日本《少年法》之受刑事处分之执行处所是也。惟此系在少年监施之,其性质虽介乎刑罚与教育之间,但实际仍注重教育,而不重刑罚。至哀尔迈拉感化院,系对于十六岁以上三十岁以下之初犯施行之者,为不定期刑之执行机关。兹分别述之于次:

一 欧本矫正院

欧本(Urban)矫正院,采用自治制,其院长柏辣司(Plass)牧师,谓年龄少长之儿童,有集合的自动的行动要求,若抑制之,则妨害其自由之发达,实为感化教育之害。故对于将来须脱离感化院而入于社会生活之儿童,须承认其有正当程度之自由云。院中组有各种团体,使儿童各基于其特殊才能,自由集合,共同作业,教员非于必要时,不滥加以监督指导及协助。其设备,及决议等种种之创作,须使彼等信为发于自身者。男童中所组织之团体,为体操团、消防队、童子军、卫生队、音乐队、动物爱护会、植物培养会等。女

第三章　感化教育之实施制度及处遇规程

童所组织之团体，有儿童音乐会、声乐会、跳舞会、女童俱乐部等。各团体男女，均有集合所。体操团之目的，欲使男女儿童之身体强健，俾得养成其勇敢、决断、活泼、沉着、敏捷之精神，盖健全之精神须聚于健全之身体也。又使儿童之心情真实，生一种愉快之合群心理，使其想到以保持团体之名誉，为其最高之义务，体操团之最高指挥权，握之于矫正院教官一人之手，此教官即为体操主任。其他副议长、正副书记、正副图书部、正副出纳股、体操会议委员、小队长、大队长等，皆以儿童任之，且曾经试验者，惟须过十二岁，儿童之职员选举，每年于男童女童之总会，以多数决之，体操时团员，分成最适当之小队，每小队之人数，五人至十人，再合二小队，或三小队，而编成一大队。小队有小队长，大队有大队长，其职务在调查体操技术及操典上之知识，此小大队长，每星期授以学课一次，体操团有特定之行军歌，其歌词如当保持名誉等是。体操团有运动会，开会时儿童之亲属均受招待，奖品各有等级，一等为花圈，及儿童所作之褒状，其他不过简单之赏状而已，此外有任意之体育运动，及共同游戏。团体中每月出会报一次，报告体操团之状况、体操会议之决议、运动会、演剧、旅行、团员之增减、团中之收入支出、及贷借对照表等。且发行纪念册，揭载可爱的画片，及许多之论文诗歌，均系自行编辑，向参观者售卖，以充体操团之收入，用为补充制服费，及运动会、旅行、褒赏等之费用。

体操团有豫算书，院中管理课之支出是否在豫算范围以内，监视极严。豫算有一次超过时，其缺损额，管理人即开会议而依议长之指导补偿之。以故处理体操团之会计，以勿使用度超过豫算，为团体之义务，此种见解，儿童持之颇严。

院中临时组织裁判所，院长而外，各团体代表，概得参与。团员有过失,细大无遗,均为记录,如何处置,则俟经过真实公平之审查后下正式裁判,其裁判,须豫得院长之承诺,并加以修正,方能揭示黑板。所用惩罚,如夺其名誉职及徽号,或降级,或不准参与下届运动会,或排斥于团体之外,一切惩罚,其期间最高不出四星期,满期,即回复其名誉。体操团有特别名誉记号,如帽章、饰带、腕章、勋章等。此勋章依体操会议之决议,对于儿童及教官之有成绩或功绩者授之。

二 哀尔迈拉感化院

该院为实行不定期刑之处所,(法庭不宣告刑期,其期之长短、停止、及免除等,统由监中理事司之,但不得逾其所犯本刑之最高期限)。入院者之资格,以十六岁以上三十岁以下之初犯,而有改悔之希望者为限。监中设监长一人,理事五人,近增至七人,由议院选举,经州长委任之,监中感化方法如下:

体育 凡犯人皆使其练习体育,其入体育室者,计分两种:第一种,为新入监者,计二三百人,课程每日一小时半。第二种,为医士指定须受体育之治疗者,计午前一百五十人,午后五十人,课程每日两小时,至医官认定其身体确已充实为止。凡入体育班者,按人体量度法量其身体而记载之。此后时为量度,以观其效。体育用劳司顿(Ralston)制,练习时,着体育衣,事毕用喷水法沐浴。

自新军 监中采用陆军组织法,编成自新军,归军事教员节制,于纪律及感化上,均有莫大之裨益,不但犯人之身体强壮,举止庄重,服从命令,不劳而成。且可用升级之法,增长其责任心。犯人之为监中军官者甚多,此种军官,与监中官吏,融合一致,颇得其辅助。长官则以军事教员任之。新入监者,未入自新军之先,每日练习体育及刀枪之使用法,以为入伍之预备,名之为笨队。除医官证明身体不合宜者外,一概入伍,自新军,分为四大队,每大队,分为四小队。大队,以陆军少佐为之长,小队长多以陆军大尉为之。大尉以下之军官,均为犯人,制服分冬夏两种,夏季以卡奇布为衣裤,冬季以黑绒为衣,灰绒为裤。犯人之充军官者,均服蓝色衣裤,自伍长以上之军官,均执刀,其下均执木制模型枪,附设军乐队、炮队各一队,每星期内有四日各有一小时半之合操,及大队操练。星期三、六下午,为普通军事操。而以全队合操行之,合操场中树国旗升降如军式。

德育　教诲师,以天主、耶稣、犹太,三教牧师任之。每星期有宗教演讲,余日亦为宗教问答之教授。此外,教诲师无论何时,可为宗教上之教诲。

智育　监狱中学校设讲堂二十六。此外则有大聚集堂,能容一千六百人,大讲堂能容五百人。学校设校长,讲师若干人,皆自外聘,以教诲师、教师及犯人助之。犯人之充助教者,每星期设师范班以指授之,功课均由校长分配。监设《要言报》,以为犯人陶冶性情、增长知识、融洽社会之用,每星期六出版八页,凡犯人及各员司均给一份,外间亦间有购阅者。编辑、印刷,均犯人充之。除关于犯罪及不适宜之新闻禁载外,社会新闻,监中杂闻、收入、放免、现在人数、各学级人数等栏,均详为记载。

工艺　除设工艺主任一员外,另聘工师,分科教授,并以犯人之娴习者辅助之,计分二十九科,理发、装订、铜工、瓦工、椑工、木工、裁衣、电工、画壁、硬木工、马掌工、粉刷工、熟铁工、机械工、军乐、泥塑、铅管工、印刷、鞋工、招牌、汽机装配、速记、打字、石工、砌石工、缝纫工、洋铁工、楦工各科。

教授工艺，以约计可学成一艺之最少时间，为学习时期，期满试验及格者，按级递升，至毕业后，任监中修理或建筑、制造之事，或充工师之助手。学习工艺者，每星期教以器械图画一次，其大纲先以蓝印法印刷分给之，监中建筑物，多为犯人所手造。外有农事场，花园暖屋等设备。犯人授以农事学、园艺学者，其课程，纯由犯人担任之。

记分及赏罚，监中所用积分数法，以金钱为本位，犯人悉予以适当工资，以增其勤勉之心，其工资按照自新军中等级给与。犯人之饮食、衣物、医药，均须纳费。有过失，则罚金。工艺及学课，考试不及格者，亦处以相当罚金。其等级及释放，皆以分数定之，释放时所存金钱，皆给予之，其规则如下：

一　犯人分为三级，第一级为最优等，初入监者，置第二级。

二　犯人给予金钱如下：第一级，每日五角五分。第二级，每日四角五分。于星期日、休假日，不作特别工者，不给予金钱。第三级，不给以金钱，亦不收其膳费，病人在病监者，不给金钱，亦无膳费。给予金钱之外，复给军事费一二三等中尉，每星期五角五分。一二三四五等伍长，每星期四角五分。

三　犯人应缴膳费如下：第一级，每日四角，第一级之优等者，每日四角二分。第二级，每日三角二分，犯人衣服，除入监第一次着者不取费外，其余均有定价。医药费，每诊察一次，一角五分。

四　犯人学课及工艺试验不及格者，处以以下之罚金：七十五分以上无罚金，七十五分以下，五十分以上，罚金一元。五十分以下，二十五分以上，罚金二元。二十五分以下，罚金三元。犯人违犯规则，查明属实，处以罚金：犯一等规则者，罚金一元；犯二等规则者,罚金二角五分。

五　犯人每月罚金在一元以上者,其品行即为不完全。

六　犯人须有六个月之完全品行,并学课工艺试验及格者,方能由第二级升至第一级。若学课及工艺试验不及格,则须有七个月之完全品行,方能升级。

七　犯人若继续数月之品行不完全,或于一月以内品行大亏,则降其级。次月品行如能完全,亦可恢复原级,如次月不能恢复,则须有三个月之完全品行,方能恢复原级。第三级人,须有三十日之完全品行,方能回至第二级。

八　犯人由第二级升至第一级,如储存之金钱,在五元以上者,即可在优等一级膳堂用膳,许其交谈。

九　第一级犯人,有六个月之完全品行,学课工艺复试验及格者,予以假释。若学课工艺,有一不及格者,须有七个月完全品行,方能假释。各理事对于犯人品行,视为优良,假释后能守法者,亦可由理事投票决定假释之。

十　理事承认犯人之假释后,如犯人已谋得监长认可之事业,即于本月二十日以后,假释之,犯人之假释,经理事部认可,每十日准其通函三次,筹谋事业,至谋得事业为止。

犯人假释后,即赴其事业所在地任事,并以文书报告监长,嗣后每月按照证书内所填日期报告。其报告须由其所任事之主司人签名。

犯人假释六个月后,监长以其报告为满意,理事复以为不至再犯者,即发给完全放免证书。

十一　犯人假释确定后,如于二月内不能谋得事业,亦释放之,惟须赴监长所指定之地,谋取事业,并每日到证书内所填监督官吏处报告,至谋得事业为止,以后仍照前节办理。

十二 受假释者,如违犯假释规则,或再犯他罪,得由理事将其送回本监,再施以感化,或再假释之,其因违犯假释规则而被拘回者,则自填发拘捕执照或理事认知其为犯罪之日起,至回院期间,不算入执行刑期之内。

三 山东少年监

山东少年监为我国少年监之创始,收容二十五岁以下之少年徒刑人犯,容额为二百四十名。其组织形式上,虽与普通监狱同,而教务所职权较为扩大,另有教诲师一人,教师四人之设置,盖以教育为执行重心也。管理采用阶级制,于一九三三年就济南监狱改设,兹将该监阶级处遇规程编录于次:

第一条 少年监根据暂行办法第六条之规定,对拘禁于本监之受刑者概以附表(阶级处遇表)施以相当之阶级处遇。但累犯者、废疾者、低能者,或认为有精神异状,及其他特别事故者,不适用本规程之全部或一部。

第二条 阶级处遇表之阶级别,只限于刑期,不拘刑数多寡,均视作一刑期,其执行完了,或刑事被告人羁押日数算入刑期者,均依判决之刑期区别之。

第三条 新入监者,定其分类,编入强制级,依其得分循次进级。

第四条 在强制级,或训练级,而行状善良,确有悛悔之实据时,得进训练级及自治级。

达规定之分数后,十五日内刑期即可终结者,得不为进级。

第五条　分类变更,及阶级升降,于监狱官会议决定之。

第六条　从他监转入者,审查前监狱之成绩,编入相当之阶级。

第七条　在强制级者,拘禁于独居监。在训练级者,拘禁于夜间独居监。在自治级者,拘禁于杂居监。

在第一类之强制级,而行状稍良者,得拘禁于杂居监。在训练级以后,认为必要时,仍得以独居监监禁之。

第八条　监房工场依分类及阶级区划之。

在监人类别及级别,须记入于特制之识别布(样式附后),附着衣襟以资识别。

第九条　以工作分量为科程之实课,而分别其成绩依下列标准采分:

一　科程完了以上者　　　一日八分

二　科程七分以上者　　　一日七分

三　科程七分未满者　　　一日六分

第十条　以时间为科程之实课,而有等级之规定者,分别其成绩依下列标准采分:

一　分为三等者

　　一等　　　　　一日八分

　　二等　　　　　一日七分

　　三等　　　　　一日六分

二　分为四等者

　　一等 ⎫
　　二等 ⎬　一日八分
　　　　 ⎭

　　三等　　　一日七分

四等　　　一日六分

三　分为五等者

一等 ｝　一日八分
二等

三等 ｝　一日七分
四等

五等　　　一日六分

前项外无等级之规定者,得参酌勤惰及成绩采分。

第十一条　免役日之实课采分,依最近就业三日内之平均分数采分,因疾病或其他事故不就业者,停止采分。

第十二条　学课成绩,按月依下列标准采分:

一　月考总评列入甲上者　　二百四十分
二　月考总评列入甲中者　　二百二十分
三　月考总评列入甲下者　　二百分
四　月考总评列入乙上者　　一百八十分
五　月考总评列入乙中者　　一百六十分
六　月考总评列入乙下者　　一百四十分
七　月考总评列入丙上者　　一百二十分
八　月考总评列入丙中者　　一百分
九　月考总评列入丙下者　　八十分
十　月考总评列入丁上者　　六十分
十一　月考总评列入丁中者　　四十分
十二　月考总评列入丁下者　　二十分

第十三条　实课与学课之平均分数为总分。

第十四条　采分每级更新之。

分类变更时,在前分类阶级所得之分数继算之。

得分每月告知本人。

第十五条　在训练级及自治级者,一月内实课科程终了时,其月之作业赏与金依该级所揭之最高率计算。

第十六条　作业赏与金计算率之增减,自决定之当日行之。

第十七条　在监者违犯监狱纪律,被处监狱规则第八十六条各种惩罚者,依下列减其得分。

一　面责(每次)　四分至六分

二　停止赏遇(每十日,不满十日者亦同)　十二分至十六分

三　撤消赏遇　三十六分至三百六十分

四　停止发受书信及接见(每次)　六分至八分

五　停止阅读书籍(每十日,不满十日者亦同)　十二分至十六分

六　停止运动(每日)　六分至八分

七　减削赏与全部或一部　十六分至三百分

八　慎独(每日)　十六分至二十分

九　暗室监禁(每日)　二十分至五十分

前列各种惩罚并科时,依其较重之惩罚减分。

第十八条　应减之分数,在既得之总分中无可减时,于将来之得分减之。

第十九条　犯规情节重大者,降一级或二级,在同一阶级一月有两次以上被处罚者,降一级。

第二十条　在强制级应被处罚并降两级者,达下列得分止,得停止进级。

一　刑期未满三年者　　　　　一千四百四十分

二　刑期未满五年者　　　　　二千九百二十分

三　刑期五年以上者　　　　　五千八百四十分

在强制级应降一级者,达下列得分止,停止进级。

一　刑期未满三年者　　　　　七百二十分

二　刑期未满五年者　　　　　一千四百六十分

三　刑期五年以上者　　　　　二千九百二十分

在训练级应降两级者,达下列得分止,停止进级。

一　刑期未满二年者　　　　　一千四百六十分

二　刑期未满四年者　　　　　二千九百二十分

三　刑期未满七年及七年以上者　五千八百四十分

在训练级降一级时,得继算既得分数。

第二十一条　在自治级而行状善良,其经过刑期,有合于《刑法》第九十三条之规定,并具备实质上之条件(山东高等法院检察处本年二月第四五号训令转司法行政部第二四二号训令)者,得为假释之声请。

第二十二条　本规程自少年监开办之日起施行。

按：少年人为社会之基本分子,少年人之有犯罪,为社会之基本损失,感化教育之使命,在为社会之基本谋培植,图补救,而其所以培植补救之道,则为应具下述之两点：(一)慈爱,感化人员对于少年所负之责任,等于家庭中父兄对于子弟之责任,语云："有慈母而后有孝子。"又云："父慈子孝,兄爱弟恭。"足见欲子弟之孝顺,须父母兄长之先慈爱,欲少年人之心诚悦服,循规蹈矩,必须感化院人员,在在先以公平慈爱处之,庶足以启其爱慕之念,而教化之得深入人心也。(二)俭朴,奢侈为少年浮浪堕落之最大原因,瑞士慈善家配斯特隆有言："不良少年,须就贫民之家教养之,使养成其勤俭朴素之风。"故感化人员之生活及感化院之设备等,处处宜有朴素勤俭之表现,借以养成全体朴质之简单生活,刻苦耐劳精神,此为感化教育应备之实质条件。

至感化院人员,以其责任重大,师资之选择,须具备下列四点:(一)必确信"人性本善"。"天下无不可化之人者"。(二)必了解儿童心理及犯罪心理者。(三)于各种社会情态必有深切之认识者。(四)年长者有配偶,及富于自己儿童教养习惯者。如此,方得水乳相融,无凿枘不入之虞,而其收效必宏远也。

第四章　感化教育之各国最近立法

感化教育,或称救护教养,为特殊教育之一,其机关有称为感化院,有称为强制教育所,有称矫正院者。其事业最先由私人设立,渐为公立,或公私合办,继得法律上之地位,而为国立之重要事业,但各国情形不同,立法亦不一致,兹将关于此点之各国最近立法,摘要分述于次:

第一节　波兰

波兰现行刑法颁布于一九三二年七月十五日,兹将其保安处分关于未成年人之感化教育之各种规定述之于次:

第一项　对于下列各种犯人不罚

甲　未满十三岁之未成年人犯罪者。

乙　十三岁至十七岁之未成年人,未具判别力而犯罪者。(下略)

第二项　法院对于上款之未成年人,只得适用感化教育。(下略,六九条)

十三岁至十七岁之未成年人,具有判别力而犯罪者,法院应将其交到感化院而监禁之。(七○条)

观此可知波兰刑罚,系以未满十三岁及十三岁至十七岁之无判别力者为全免责任,施以感化教育。十三岁至十七岁有判别力者,交感化院施行监禁。

第二节　意大利

意大利自"法西斯蒂党"执政后,于一九二五年经司法部长洛高(Alfredo Rocco)提出议会通过刑法修改案,一九二七年参以最高法院之意见书,交中央修订,迄一九三〇年,方公布施行,为现代极新之刑法。少年感化教育规定在对人的保安处分内,兹录要于次:

一　少年人收容于感化院　刑事感化院之收容,为少年之特别保安处分,其期间不得少于一年。

该保安处分全部或一部之适用或执行后,倘少年人满二十一岁时,得以自由监视更易之,但法官认为有送致农业惩治场或工业场之命令时,不在此限。(第二二三条)

二　未满十四岁之不应归责少年　未满十四岁之少年,犯法律论罪之行为,认为该人有社会危险性时,法官斟酌行为之情节,及其家庭道德之状况,得命令收容于刑事感化院,或受自由监视。

法律规定死刑,或徒刑,或最低限度三年以上之惩役之故意罪,得命令少年收容于感化院,其期间不得少于三年。

前二项规定,于少年人犯法律上论罪之行为时,已满十四岁,未满十八岁者,亦适用之,但依第九十八条规定,以认为不应归责者为限。(第二二四条)

三　满十四岁未满十八岁之应归责少年　十四岁以上十八岁

以下之少年，认为应归责时，刑之执行完毕后，法官得命令收容于刑事感化院，或受自由监视，并斟酌前条第一项记载之情状。

因不应归责执行保安处分中而犯重罪之少年，应适用上述保安处分之一种。（第二二五条）

四　有习惯性或职业性重罪或犯罪性癖之少年　未满十八岁人有习惯性，或职业性重罪，或犯罪性癖，应命令收容于刑事感化院。其期间不得少于三年，满二十一岁时，法官得命令移送于农业惩治场，或工业场。

少年人收容于刑事感化院之命令于各本条定之。（第二二六条）

五　特别感化院　法律上规定刑事感化院之收容，无须确定少年人对社会有危险性时，得致送该人于特别场所，或普通场所之特别房。少年人收容于普通场所时，有特别危险性者，得致送特别场所，或普通场所之特别房。（第二二七条）

第三节　日本

日本刑法改正草案，已于一九三〇年公布，陈义极新，对于感化教育，更特别注重，故不列于刑法保安处分中，而另有少年法之颁行。其中于少年保安刑事等处分及少年审判所之组织，少年法官之任用，及诉讼程序等，皆有专章规定，兹将关于感化教育部分，录要于次：

第一条　本法所谓少年，指未满十八岁而言。

第四条　凡少年之行为，触犯刑罚法令或有触犯法令之虞者，得加以下列各款之处分。

一　加以训诫。

二　委托学校校长,加以训诫。

三　使以书面,为改悔誓约。

四　附条件而交付于保护人。

五　委托于寺院、教会、保护团体,或其他适当之处所。

六　交少年保护司监察。

七　送致于感化院。（另颁有感化院法）

八　送致于矫正院。（另颁有矫正院法）

九　送致或委托于病院

前项各款处分得适宜并行之。

按:日本感化机关,受少年法保安处分者,于矫正院、感化院行之。受少年法刑事处分者,于普通监狱内划分之少年监,或独立之少年监行之。

第四节　瑞士

瑞士自一八一五年,巴黎会议,各国承认其为永久局外中立国后,得致力于内政之修明。关于保安处分之立法,开世界之新纪元者。兹将一九〇八年之刑法准备案,关于少年感化教育部分,录要于次:

甲　十四岁以上十八岁以下之少年,有犯罪行为时,推事为调查后:

一　其放纵堕落状态不甚重大者,于一年以上二十岁未满之

范围内,以必须教育者为限,收容于强制教育所。(许假释)

二　其放纵堕落之程度重大者,于三年以上十二年以下之范围内,在其未改善以前,收容于矫正所。(许假释)

三　此等少年,须特别处分者,由推事命令行之。

四　未至堕落状态之少年,推事以谴责或三日以上二月以下之特别拘禁处分。(许假释,第一一条)

乙　未满十四岁之幼年,有犯罪行为时,推事调查事件关系,就幼年犯人之身体上及精神上之状态及其教育,征集精密报告后:(一)须救护及其他处置者,交付于行政官厅救护之。(二)不须救护者,交付于司法官厅处罚之。(第一〇条)

第五节　挪威

挪威对于施以感化教育之少年犯,于一八九六年即颁布感化法之专律,分感化院为保育院、感化院、特别感化院、强制学院等之四种。普通遗弃之幼年者,交付保育院。达就学年龄而道德堕落稍深者,收容于感化院。十二岁以上幼年之犯重罪者,及满十八岁尚未能出感化院者,在感化院行为恶劣者等,皆收容于特别感化院,虽犯罪而免刑事诉追之十五岁以下者,怠学或有特别不良行状者等,则交付于强制学院。第三种系官立,第一二两种及第四种,公立或私立均有,但须经国家认可,并补助费用。

第六节　我国

甲　暂行新刑律

未满十二岁人之行为不为罪;但因其情节得施以感化教育。(第十一条)

乙　旧刑法

未满十三岁人行为不罚,但因其情节,得施以感化教育,或令其监护人或保佐人缴纳相当之保证金。于一年以上三年以下之期间内,监督其品行。(第三十条一项)

十三岁以上未满十六岁人之行为,得减轻本刑二分之一,但减轻本刑者,因其情节得施以感化教育,或令其监护人、保佐人缴纳相当之保证金,于一年以上三年以下之期间内监护其品行。(第三十条二项)

丙　刑法

因未满十四岁而不罚者,得令入感化教育处所,施以感化教育。

因未满十八岁而减轻其刑者,得于刑之执行完毕或赦免后,令入感化教育处所,施以感化教育。但宣告三年以下有期徒刑、拘役或罚金者,得于执行前为之。

第二项但书情形,依感化教育之执行。认为无执行之必要者,得免其刑之执行。(第八十六条第一、第二、第四等项)

第 四 编

出狱人保护事业

第一章 概论

第一节 出狱人保护事业之性质

获罪入狱,固称为犯人,但刑满出狱,即非犯人矣。若以刑事改善主义言之,且应称为良民,而世人不察,多仍以犯人目之,羞与为伍,甚至父不以为子,妻不以为夫,使无容身之地,此情此境,自非出于再犯一途不可。故美国本雪尔文尼亚监狱会。(The Pennsylvania Prison Society)宣言有曰:"一个犯人的一生中,再没有一个时期,比他刚从监狱被假释或释放出来的一刹那时,更殷切地需要朋友的"。读此,可知出狱人在被置于绝不许参加己意之组织中几年或几月,所有一切创作力,当早被剥夺于不知不觉之中,俟释放日期之到临,正喜在狱所受种种陶养锻炼,足以回复良民生活,讵料又为社会所歧视,于是不免于再犯。且昔之犯窃盗者,再犯为强盗矣,昔之犯伤害者,再犯为杀人矣。故出狱人救助团体,实有特别之需要,学者谓:"美国出狱人救助团体中之聪明顾问,不知曾阻止了几百件新的劫案"。足见是项团体,不仅系过去犯人之救星良友,且为对于社会安定具有保护性的、防卫性的一种组织。于国家刑罚,有协助成功之机能,确为一种极重要之社会事业。

第二节　出狱人保护事业之起源

考出狱人保护事业，发源于美。初，有慈善家李却特霍华斯脱者，其居宅与费拉特菲亚监为邻，目击出狱者之衣服褴褛，形容枯槁之状，常谓："如此，安能复兴社会联络"。悲悯之余，乃助以金钱或衣履，社会人士，感于其义，群起呼号，彼复慨输巨金，组织团体，于一七七六年二月七日成立费城穷苦犯人救助会。是为欧美各国此项事业之滥觞，当不列颠军占领费城时，此会曾被解散，但一七八七年，仍恢复改组为费城公共监狱救济会，一八九三年，又合并而成本雪尔文尼亚监狱会。以迄今兹，仍努力关于犯人各种之救助，及社会与监狱间之种种活动也。

第三节　出狱人保护事业与刑罚

自刑政改善之说倡行以来，各国统计，累犯数字，反与日俱增。遂使一般人士，颇疑现代刑罚，适为促成犯罪之主因。而不知刑罚，固所以消灭犯人之恶性，监狱原为养成犯人之善良，然执行期满出狱后，苟社会目为刑余之人，不足为伍，欲谋职业，则无人介绍，即有资产之人，于生活固无问题，然因受人鄙视，亦势成孤立，失所凭借，其不自暴自弃，甘于堕落，出于再犯者，难矣！然此岂刑罚之责哉！盖刑罚之手段，系一般预防策，至累犯预防之术则出狱人保护事业是赖。盖犯人出狱之始，几如自巅降地，至为可惧。无论其刑罚改善之程度臻于如何之地步,如无保护机关,代谋身分之保障,生活之救济,则刑罚之改善精神,终难望圆满表现也。故现今法治昌明各国,几无不有出狱人保护团体之设立。其较著者,如前述美国于一七七六年所设立者,其后如丹麦一七七九年,比利时一八三五年,英国一八五七年,均有此项事业之创办。至于我国,当此犯罪激增之际,诚有用法已穷之感。故此种事业,尤为必要,我司法当轴,早见及此,民十九年(1930年),颁有《出狱人保护事务奖励规则》,二十二年(1933年),颁有《组织大纲》。兹将此项事业之设施方法,及日本我国之保护事业情形,分述于次。

第四节　出狱人保护事业之设施方法

考保护事业之设施,其方法约可别为三种,如次:

一　直接救济　系专设保护场所,若工场病院之类,如出狱人无从谋得职业,或业技未成熟,即送入该工场,使之就某种职业,或续习某艺,如抱病之人,无力就医,则送入病院,代为疗法,直接监督其事业,不啻为监狱之继续。

二　间接救济　出狱人并不收容于保护场所,但规定一定期间,在此期间内,受保护会之帮助或由该会为之介绍职业,间接加以监督。

三　一时救济　即对于出狱人无资本营生者,贷与资金,无旅费归家者,给与旅费或赠送船票车票,无衣服者,给以衣服之类,以及其他临时指导护助等。

第五节　出狱人保护事业之先决条件

出狱人保护事业，既专为出狱人谋善后之安全，故必先对于出狱者之个别情状，有深切之认识，方可预筹有效之救济方案。故欧美各国，有监房访问之办法，即在刑期执行中，出狱人保护会人员，常亲临监房访问，察其出狱后之所需要，为之准备。在英国有六百以上之自动访问者，常往来于监狱与感化院中，为社会利益与监狱生活作密切接触。以便将来就所缺乏而补救之，故对于监狱之教诲师及其他人员，应有相当之联络合作，以免隔阂之弊，借收协助之效。且此种访问，并应推广及于犯人家庭、亲族、朋友、乡党等。又此种事业之进行，按诸各国制度，大抵须受所在地监狱长官之监督。

第二章 日本及我国之出狱人保护事业

第一节 日本之出狱人保护事业

日本之出狱人保护事业,以一七九○年(宽政二年)幕府创设之人足寄场为滥觞,其目的在收容被科黥笞等轻罪人犯,无家可归,或有再犯之虞者,为强制工作之所,以便养成为良好之国民,等于现在保安处分之强制劳役制度。该场占地一万六千坪,一七九三年(宽政五年)每月平均收容一百三十二人,弘化二年,每月平均收容五百○八人,其业务为木工、营缮、制米、蛎灰制造、炭团制造、农业等。明治维新后,或改为徒场,或改为惩役场,或改为监狱,已无此项人足寄场名称之存在。

日自明治维新以还,监狱改良,颇有一日千里之势,因此项保护事业,与狱政有密切关系,故亦同时发达。据调查所得,大正八年三月,此项保护会,全国有五百九十七所,在本部者三七九所,在分部者二一八所。由大正七年四月至八年三月,一年之间,受保护者,计三万八千五百五十三人。又据大正二年,至大正五年间,期满出狱者之统计,每年平均为四万七千七百三十六人。其中受保护者,达十分之八。至女犯保护会有二处:一为滋贺县咬莱园,系僧侣显明个人所经营,设立于明治三十九年,一为大阪市救世军希望女子部，为救世军所设。此外台湾亦有数所，以三成协会为最著，每年由总督津贴二千元。在朝鲜有二十处，以明治四十三年（1910年）设立之仁川救护院为起源。由上所述，足征其事业在日本之发达，但此项事业，多由佛教僧侣经营，因图得政府之奖励，佛教各宗管长，多命其管下强迫设立，以致多事敷衍，规模极小，办理未善，故其实际成绩，并不甚佳。观日本累犯之有加无已，即可知其梗概。盖保护会非以救济出狱人数字增多为目的，其根本精神，在累犯之防止与减少耳。

第二节　出狱人保护事业之于我国

考各国监狱改良之设施，必有保护出狱人机关之设立，以为之助，我国辛亥以还，狱制逐渐改良，为谋出狱人保障计，民二年（1913年）及民十九年（1930年），前后有《出狱人保护事务奖励规则》之颁布，民二十一年（1932年）复有《组织大纲》之公布，但仅北平有新民辅成会、俄犯救济会两处之设立，在至二十三年（1934年）之间，山东设有范县、烟台、金乡等各县之出狱保护会，广东设有广州市之出狱人保护会。二十四年（1935年），上海有新民辅成社之继起。至各处办理成绩如何？尚无确实之报告。本年，司法院因上年全国司法会议，有请提倡出狱保护事业议案多起，经汇案审查通过，已交部通令全国赶紧筹设矣。此项保护事业在吾国迄未发达。深望学术界，急起直追，极力鼓吹，以促其向荣滋长，发挥光大。则岂仅造福囚黎已耶？兹将我国现行之《出狱保护会奖励规则》及《组织大纲》列后：

出狱人保护事务奖励规则　十九年（1930年）二月公布

第一条　办理出狱人保护事务者，依本规则奖励之。

第二条　奖励分为下列两项：

甲　办理前条事务在三年以上成绩卓著或捐助银圆一千元以上者，给予奖状。

乙　办理前条事务在五年以上成绩卓著，或捐助银圆五千元以上者，给予匾额。

第三条　前条各项奖励，由该地方典狱长，呈由该管监督官署，转请司法行政部核办。

第四条　典狱长提出之呈请书，须分别记载下列各项：

子　关于办理事务者

一　办理人之年龄籍贯

二　办理之经过，及将来计划

一　办理之年数及成绩

丑　关于捐助银圆者

一　捐助人之年龄，籍贯

一　捐助之银数

第五条　第二条甲项奖励，由司法行政部行之。乙项奖励，由司法行政部呈由司法院转呈国民政府行之。

出狱人保护会组织大纲　二十一年（1932年）十月

一　出狱人保护会，以保护执行期满及假释或保释出狱人，使有成就为宗旨。

二　凡出狱人之贫无所依，确有自新实据者，得享下列之保护：

一　介绍　量其所习职业,介绍于各处。

一　资送　遇有出狱人之为异籍必须回籍者,得设法资送之。

一　资助　借贷衣食费,俟其得有职业后归偿。

一　调查　随时调查其品行等项,以为指导之资。

三　按照出狱人保护会宗旨,愿尽应有义务者为会员,其赞成宗旨辅助一切进行者,为赞成员。赞成员得认一次会费五元,或常年会费一元,会员交入会费一元,但愿特别补助者,不在此限。

四　出狱人保护会,推定下列各员,分别担任会务。

　一　董事　若干人

　一　干事　若干人

五　出狱人保护会职员,为洞悉出狱人之个人关系,在监时之行状,以及出狱后之希望起见,得随时参观监狱,并请求接见在监人。

六　筹设出狱人保护会,应依照中央颁布之民众团体组织程序办理。

七　出狱人保护会,每届年终,并应将保护成绩,呈由各省高等法院转报司法行政部。

第 五 编

监 狱 构 造

第一章 通论

狱制改良以前,构造监狱,无须特别技术,亦无所谓构造法,故监狱构造法者,乃狱制改良后之产物也。狱制改良之方法,经多数学者之研究,多数国家之经验,始有定论,监狱构造法亦然,往者改良之说,主张不一,致使巨额建筑经费,掷于虚牝者,亦复不少,此改良监狱者,所以必先讲求构造法也。

第一节 概则

甲　须不用戒具或其他器械之拘束,而可以确实监禁在监者,不至有逃走之虞。

乙　房舍之配置,务求便于管理,及节省经费。

丙　须有保全卫生上之必要设施。

丁　须便于实行个人的、或分类的适当区别在监者。

戊　为经理(如工场、病监、炊所、教诲室、教堂等)所必要之营造物,须配置于适当之地位。

己　以质朴坚牢为主,毋流于美术及外观之虚饰。

庚　监狱周围之墙壁,与内部房舍间隔之余地,必在二十五尺以上,以防因人之脱逃,至墙内之余地,不可有树木等妨害视线,监狱之外沿墙,当留以三十尺以上之巡回道路,此外尚须留有空地,以免民家建造房舍。

辛　凡监房工场等,在监人所居之处,当以外来人不能窥见内容为宜,监房工场门扉之锁钥,当取坚牢简单,其式样务必相同,其构造不可复杂,然亦当令人不易伪造,监房之中,尚宜有特别之装置,以便非常时,可以令全监一齐开启。

壬　官舍务宜广设,以足敷典狱以下各员吏之用为宜,其位置当散在监狱之周围表门及非常门前。

癸　蒸气炉室之位置,当令其运转之音响。不达于监房及病监等处,其附近可附设炊所、浴场、洗濯场、干燥室、薰蒸室、发电所、暖房等,俾利用同一之汽管。

第二节　建筑物之种类

建筑物大别为二种:专备在监者之用,如监房工场等,则名曰本然的建筑物,其他事务室、教育室、教诲堂、病监、浴室、炊所、洗濯室、仓库、墙垣、门卫室、水道、沟渠、暖室、接见室、官舍、运动场、刑场等,则名附属的建筑物。

第三节　规模

男监狱之规模,以收容三百人以上五百人以下为标准,我国规定容三百人为乙种,五百人为甲种,即此意义。过小则不独建筑费太多,即平常经费,亦不能节省,然过大则又不易适于个人待遇之要旨。惟分房监狱,可收容五百五十人,乃今日学者一致之主张。女监狱之容额,约以拘禁百人以上二百人以下为限度。

第四节 位置

监狱不能筑建于市街繁盛之地,固不待言,即将来市街扩充区域,或工业繁盛地方,亦不相宜。盖此等地方,不独非费巨价,不能得广大之面积,且监狱竣工后,势必使其附近地价骤贱,将来必为工场及贫民住屋所包围,而监狱之卫生及纪律,必蒙不良之影响。故监狱之位置,以沿铁路旁之小都会附近,而离车站不远之地方为适当,(监狱与市街之距离,须在一启罗密达以内)。若不得已,须在大都会地,建筑监狱,亦当择市外交通最便之地方建设之,如江苏第二监狱,在上海漕河泾,去龙华车站仅三里许,汽车又能达漕河泾,可谓交通最便也。欲全监狱之效用,虽以位置及构造二者兼全为贵,而以位置选择为尤要,盖构造稍有缺点发见时,当能补救改造修理之,若位置选择不当,则一切妨害行刑本旨,悉自外界而来,影响所被,及于拘禁之人,凡行刑之威信、纪律之严明、德性之涵养、作业之督饬,与其他卫生、清洁等事,均失其利益,虽竭意经营,以图补救,恐需费巨,而其效果如同水泡矣。

第五节　地势

　　监狱地势宜平坦而稍高,务求空气流通,水易外泄,狱内固不宜有死水之停滞,即其附近地方,亦不宜有沼池、深林、高阜,及可以俯视监狱内容之高楼,且建筑基础或沟渠工程须费巨款之地势,亦不宜用也。

第六节　地质

　　地质宜干燥坚硬,务求水气易于渗泄,湿气不致上壅,且须查明有无足以供监狱内所必要之多量水,用水之数量,每人每日平均约须一百利脱儿(五斗五升),工场作业所需之水量,亦当预计,如织工科所需之浆纱漂染等之水量,即其例也。

第七节　地形

　　形以正方或横方为宜,决不可用屈曲偏斜之地,若用横方形,则宜东西长而南北短,监房及其他房舍,均宜面南。

第八节 地域

地域之大小,以收容人数之多寡为标准,大约在监人一名,需地二十坪(六方尺谓之坪),或三十坪,收五百人之监狱,约有一万五千坪,或一万八千坪之面积,即足矣。但此专就平房言,若建筑楼房或分配杂居房,则其地域,亦可于相当范围内,增减之。

第九节 围墙

监狱内部之房舍布置得宜,则围墙自可短缩,围墙之高约四五密达即足,墙之厚薄,自监狱管理周密言,本无特别关系,惟技术上须注意,无害于坚固而又能节省材料之法,不问围墙之内外,不得有联接墙壁之建筑物,出入口不可太少,除正门外,尚须酌设非常门,正门之内便宜上,可设门卫室、人民待见室、看守宿室,围墙之外,务有附属于监狱之余地,以备非常时在监者避难,及平时令少数在监者耕作及建筑官舍之用,官舍须斟酌官吏在社会上之地位,备相当之规模,不问房舍之大小,皆须各别建设,勿使比邻,而致日常生活上有互相接触之机会,监狱与官舍之间,当设非常报知器。

第五编 监狱构造

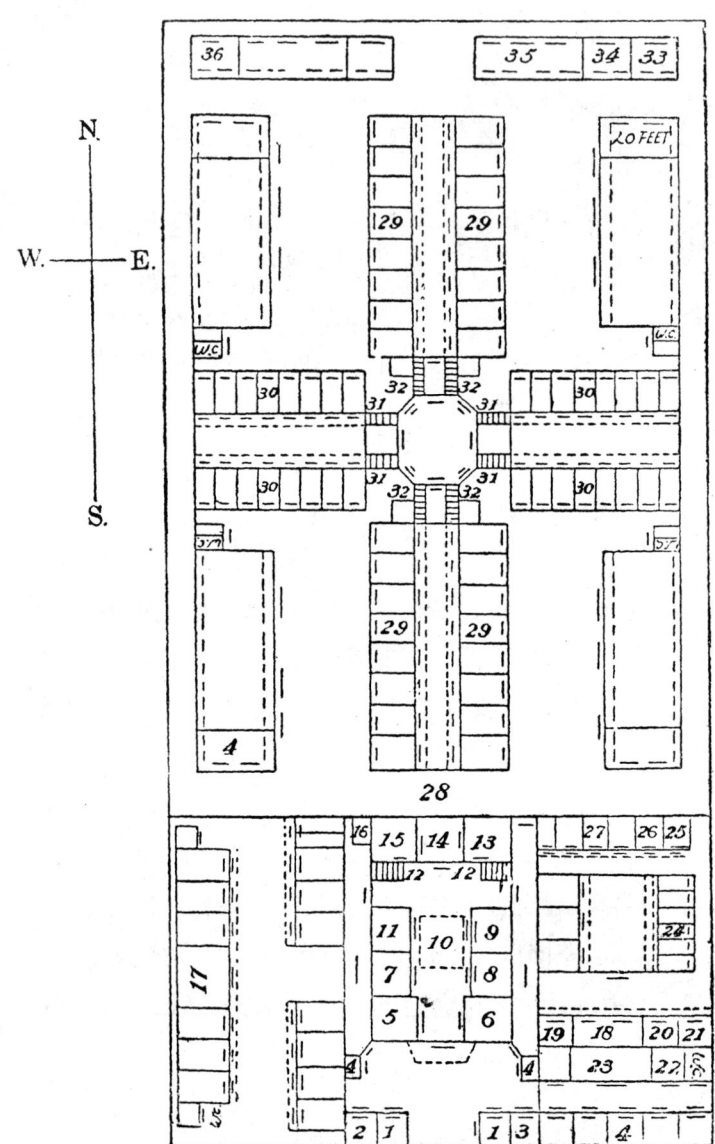

第一图 十字式（安徽第二监狱平面图）

第二图　双扇面式（北京第一监狱平面略图）

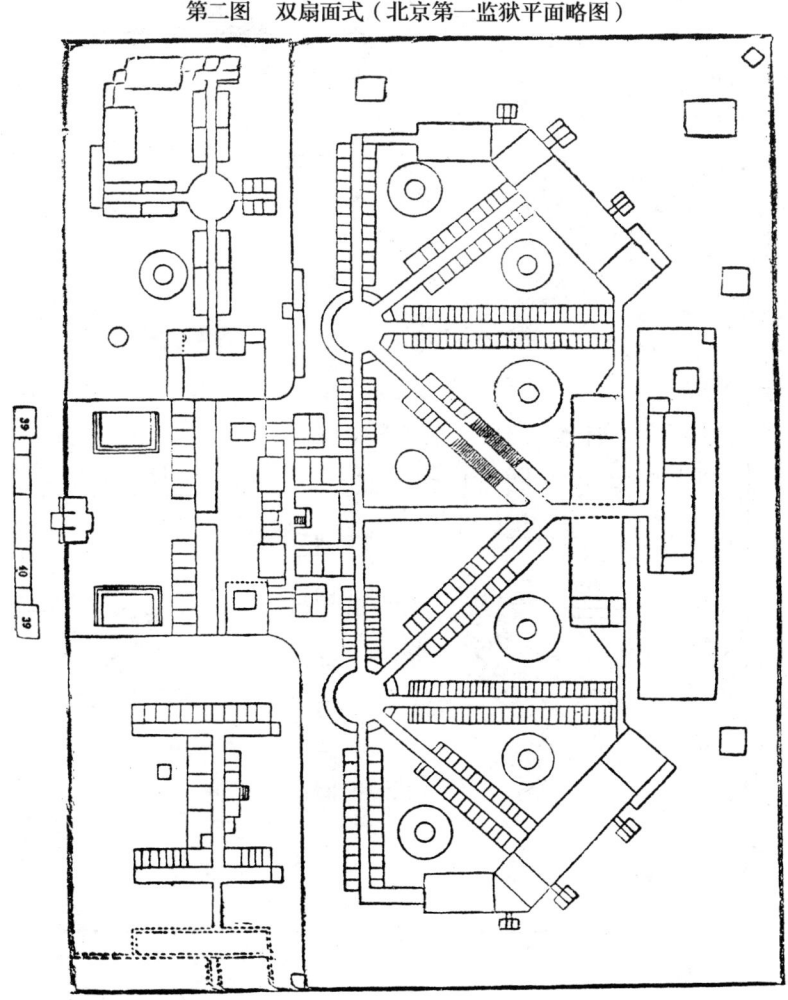

第三图　光线式（湖南第一监狱平面略图）

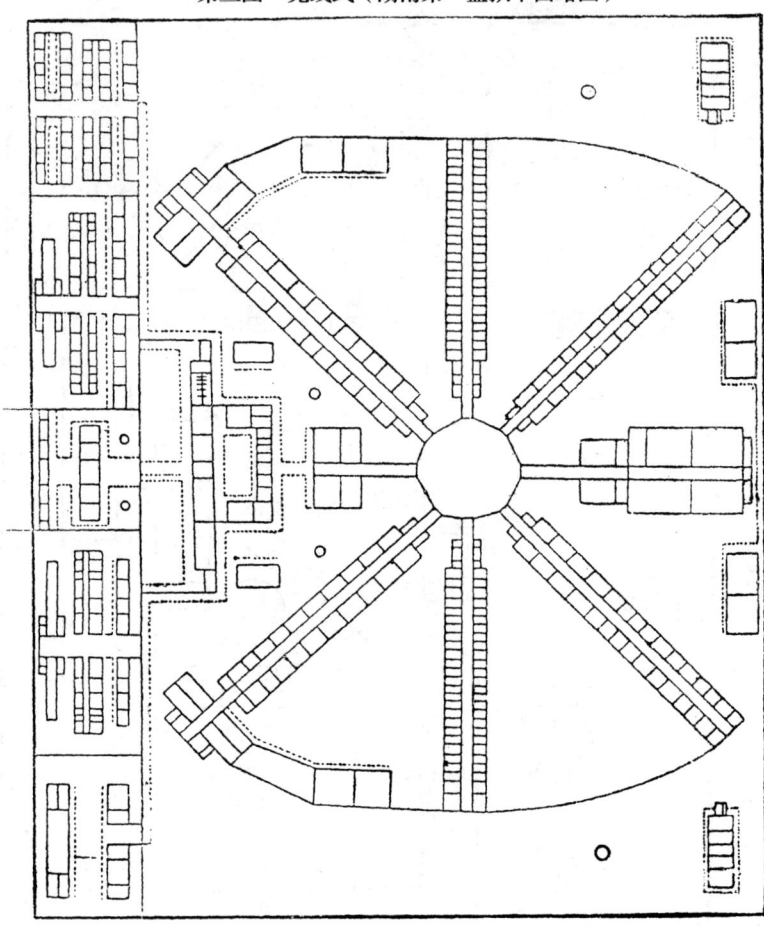

第十节　监舍形式

　　监狱之房舍，最忌分列，分列则不能于一目之下，周视全监，管理上生出种种困难，故构造监狱之形式，有十字式者，有扇面式者，有光线式者，及长方形、H形、圆轮形，种种不同，其最适用者，为前三种，无非以自各翼集合之中央点，得以通视内部一切建筑物为原则也，今将十字式、扇面式、光线式三种，分述于次：

　　1. 十字式　系以直角形联结四翼房舍于中央点（中央看守所），通例以四翼为监房，另建事务室，此式不独空气流通，日光射入，大有利益，且其集中处，系直角形，并可杜绝各翼间利用窗户互相通谋之弊也。（见第一图是）

　　2. 扇面式　系以四翼监房与一翼事务室，联结于中央点者，若收容人数较多，而又不能建筑楼房，则当采用此式。（见第二图是）

　　3. 光线式　系以五个或六个之监房翼，联结集中者，若欲在狭隘之地域，收容多数在监者，则当采用此式，但此式与十字形较，则管理、卫生上皆不免有种种之缺点。（见第三图是）

　　各式之中央看守室，均须开大窗，使完全受日光，通空气，其隅角可设惩罚室、书信室、洗面室等，若系楼房，则以地下层，充设备中央发热火炉之处，而于事务室翼背楼上回廊，设一台，为看守守望之所。

　　监房各翼中间，须有四密达或四密达半之走廊，两侧监房之数。以十八房至二十二房为度（指分房言），各翼以接近中央看守所之一房或以翼端之一房，充洗濯室，走廊除天窗外，尚须设大窗于翼端,若系楼房,则走廊之构造,须自地下通至屋顶,楼上监房之前,绕以回廊,宽约十分之九密达,务选择适于防火之材料,上下走梯,设于中央看守所及各监房翼之中央。

第十一节　监房

监房有昼夜分房、夜间分房、杂居三种。昼夜分房,保健上须有二十五立方密达之气积,就业上须有八三平方密达之容积,以宽二二密达,长三八密达,高三密达为适当,依作业之种类,有必须广大面积者,故当设备约十一平方密达之大分房若干,以谋作业之便利。此外尚须设备十六立方密达之分房,以备执行短期刑之用。夜间分房,则有十二立方密达至十六立方密达之气积,即足,杂居监房,须设大小两种:小者以收容三人或五人为限,大者以收容七人或十一人为限,每人之容积,可参照夜间分房定之。惟构造时,当虑及将来便于改为分房,故不问监房之大小,须本于分房构造法之标准,以建筑之,因我国监狱规则,对于在监者,本以分房监禁为原则也。

分房监狱,亦必设备夜间分房,其房数大约以在监人百分之五至百分之十为度。杂居监房,不适于行刑之要义,若不得已采用时,亦当分房、杂居并用,但须各别建设,以二者管理之内容全异也。事务所及经理用之建筑物,须配置于杂居部,教室、教诲堂、病监等,亦须各别设备之。分房部之规模,虽须斟酌分房施行期限之长短定之,然大概以可以收容在监人三分之一至二分之一为度。杂居监房,亦当采用单独寝室之法,单独寝室,有以障壁区划者,有仅用简单的间隔,只求遮断身体接触者,简单的间隔,不独不能防同房者通声气,且亦不能特别节约经费也。用区划法时,每一区划,须有二密达长,一二密达宽,二二密达高。

房壁以检束言,既有特使坚牢之必要,且防火之点,亦当注意,故务宜不用木料,房壁之厚,须有三十生的密达至四十生的密达,壁之内面,自地上高至二密达之间。须涂以炼石灰,上擦青灰色染油,所以防毁损保清洁也。房门高一九密达,宽七五密达,门扉用坚牢木料,里面包以铁皮,须向外开闭,门扉上部设视察孔,以便视察房内动静。

窗之大小,以一平方密达为度,设于房壁高二密达之处,下半部闭,上半部可开,成直角形,使在房内得以自由开闭,窗之外面,须设铁栏,直柱之距离,在十三生的密达以下,再加以掼住,使其坚牢。

房内频开门窗,固能交换空气,然欲谋完全通气法,尚须在监房之上部及下部相当之位置,设换气孔各一,下部之孔,若兼用为洒扫洞时,则当用方形孔,外护以铁柱及坚细之铁网。

分房之寝床,当用铁制,房内设物架,使其便于排置应用物品,架下令其悬挂衣服手巾等类,房之一隅,须设便于装运且无散漏秽气之便器。杂居房则当另设便桶坑,中贮便桶加盖,以免秽气外溢。

第十二节　附属建筑物

事务室以联接于监房翼之独立建筑物充之,以便于在监者之往复,且使监外人民出入事务室者,不能窥见拘禁在监者之处所,事务室之上层,设教诲堂,以其下层充贮物室,新入房,惩罚室等,贮物室之外,尚须在监内相当之位置,设备仓库,以为收存各种物品之用。

炊所及洗濯场,须择监内,便于供给物料之位置,且须以无害监狱卫生及检束之方法,适宜建筑之。共同浴室,须设于接近炊所,出入便利之地,单独浴室,则便宜上,可设于中央看守室或事务室地之下层,浴所除浴池、浴盆外,尚须设以少水量,短时间得使多数人洗浴之灌水法,浴室之规模,以在监者每人于每星期内,得入浴一次为标准。监狱内有为炊事暖房电灯作业等设蒸汽关者,然总以不用为宜。盖监狱乃富于廉价劳力之处,若用机器,不惟不经济,且背乎监狱利用劳力之本旨也。

病监须设于与监房翼及事务所离隔之处,且须以围墙间隔,使别成一区域,其规模以收容在监者,定员百分之五至百分之八为度。病房亦须设备分房、杂居房二种:分房须有四十立方密达之气积,杂居房每一人须有二十五立方密达之气积,窗不必特别加大。惟杂居房则前后皆须开窗,空气日光,务使十分流通充足,病监内须设医务所、药室、诊察室、手术室、暗室(眼科用)、浴室、洗濯室、看护室、厕所,及二三精神病室。以院内空地,充运动场,尸室则宜区划监房一隅建设之。

工场须便于在监者之出入位置,以联接杂居房翼端建设为便,其规模以每就业者一人,约有四平方密达之面积,及十六立方密达之气积为标准,若有五百平方密达之工场,则足以收容百人之就业者,教诲堂,若设于事务室之楼上,其出入口,均在守望所背后,堂内以洁净尊严为主,不可涉于无用之装饰,上宜悬党国旗,及总理遗像遗嘱等，其规模以多数在监者，得同时受教诲为标准，区划个人坐位之方法，实无采用之必要。教室便宜上，得以教诲堂兼充，若特别建设，则宜在监房翼端，其规模每一室可以收容八十人即足矣。

运动场以各监房翼间之空地，及其他适当之处所充之，设简单之椭圆形路线，以数人或数十人为一队，使在监者每人相离三步或五步，得以共同运动，昔日分房监狱所用之单独运动，不必仿效也。用水须于地形略高处，设一贮水槽，其槽须有一万利脱儿水量之容积，先以水龙注水于槽内，再由水槽分配于各必要处所，救火桶须设于相当之位置，不净物，当集于密闭之铁箱或木桶，每日送于围墙外，污水，则由沟渠排出，毋使停留监内。

点灯法以用电灯及煤气灯为最便，然不免有不廉不洁之嫌，若无电灯设备之处，须用煤油灯，但灯火务须设于在监者不能接触之处。

暖室法有局所发热，中央发热两种：局所发热，不适于用，固不待论，中央发热，又有热水、暖气之别，而以热水法为最善。

第十三节　看守所

看守所之构造法，与前所述略同，其特异之点，则看守所为拘禁刑事被告人之处，非执行刑罚之机关，故当附设于法院内或接近法院之地，如建筑于民有地之间，亦须有相当之间隔，以遮断一切交通，房舍之构造，须备分房、杂居二种。大都会或大工商业地方之看守所，往往有一时拘禁多数被告人之必要，故又须设备大杂居房若干，以应此急需。大杂居房之内部，亦宜采用区划寝室之法，以杜流弊。

第十四节　女监

女监如附建于男监之内，须另以墙围绕之，勿使外部观望，其翼舍一栋，或二栋已足，若设二栋，则宜以钝角形分流之，其筑造比男监较为轻易。

第十五节　感化院

感化院为强制教育不论罪之少年犯而设，与行刑绝无关系，故不可与监狱相接，其人数二百人以上二百五十人以下为定例，其建筑须极朴素，不必如监狱之严重坚固，以农业为主要之感化院，宜有附属空地，为耕作场所，以工业为主之感化院，宜设相当之工场，为习艺之用。

第二章 光线式监狱构造法

监狱建筑形式,种类甚多,我国采用之者,因地势容额之不同,乃有光线式、扇面式、十字式之三种,而我国规模较大之监狱,人犯容额,每在一千名左右,故以采用光线式,较为适宜,即以上海论,江苏第二监狱,及现正筹建之上海特区监狱,皆用此种式样,故特别提出研究,以资准则,其余各式,自可类推,无庸赘述。至乙种监狱,多采十字式,如江苏第四,安徽第二,皆然。又清末所建各监,则多用扇面式,如北京、奉天、武昌、南京等省,当时所称模范监狱者,皆系扇面式也。

第一节 图式

无论何项营造物,必先于图样之设计,次及于图样造法之说明,继根据图样造法,为全部价额之计算,此建筑第一步工作也。监狱建筑不然,本图式系假定建造一容额五百十六人之监狱,用光线式,四方地形,内有昼夜分房、夜分房、杂居之别,其余工场,办公室,及其他场所,皆以五百容额,为设计之标准,观以次各图及图说,当知其详也。

第五编 监狱构造

监狱总图

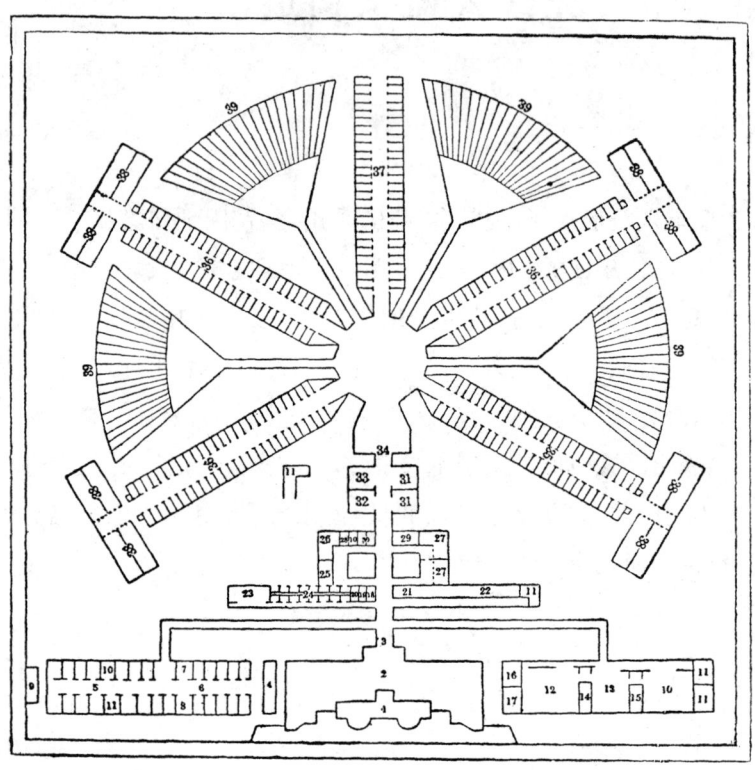

第二章 光线式监狱构造法

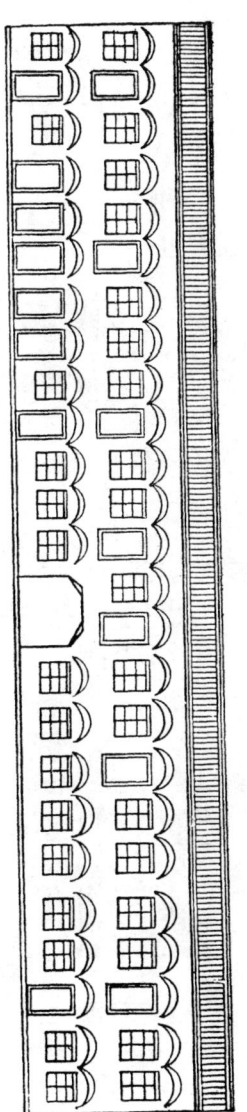

事务楼正面图

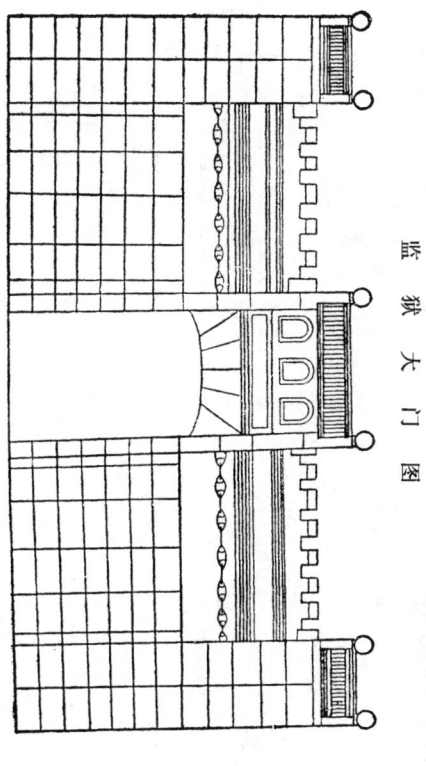

监狱大门图

209

第五编 监狱构造

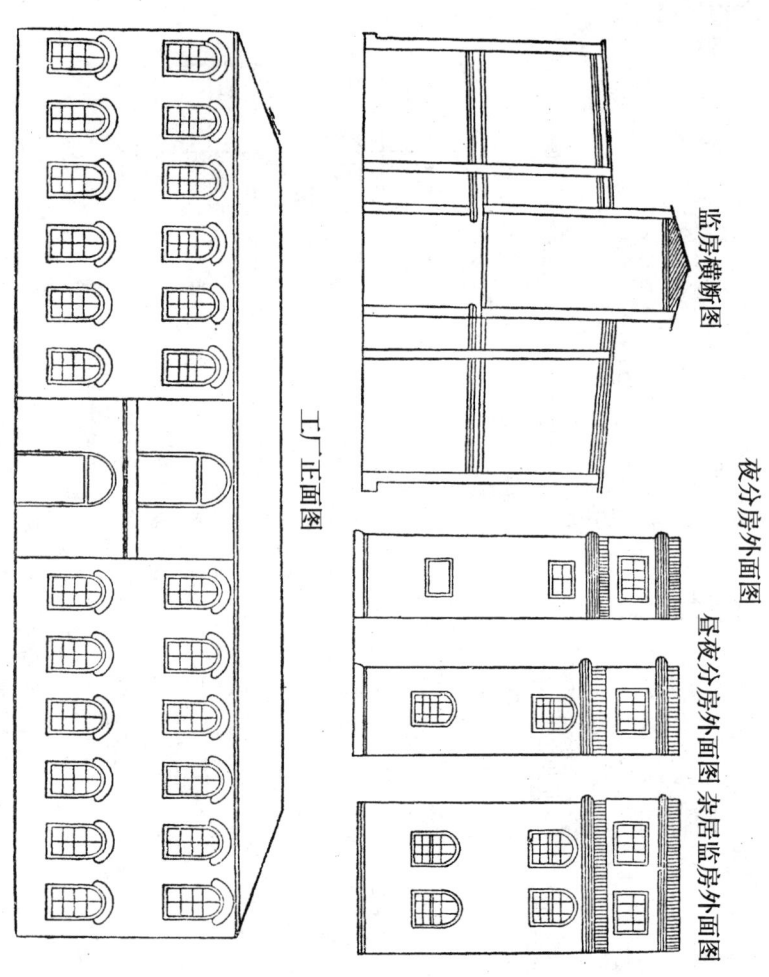

第二章 光线式监狱构造法

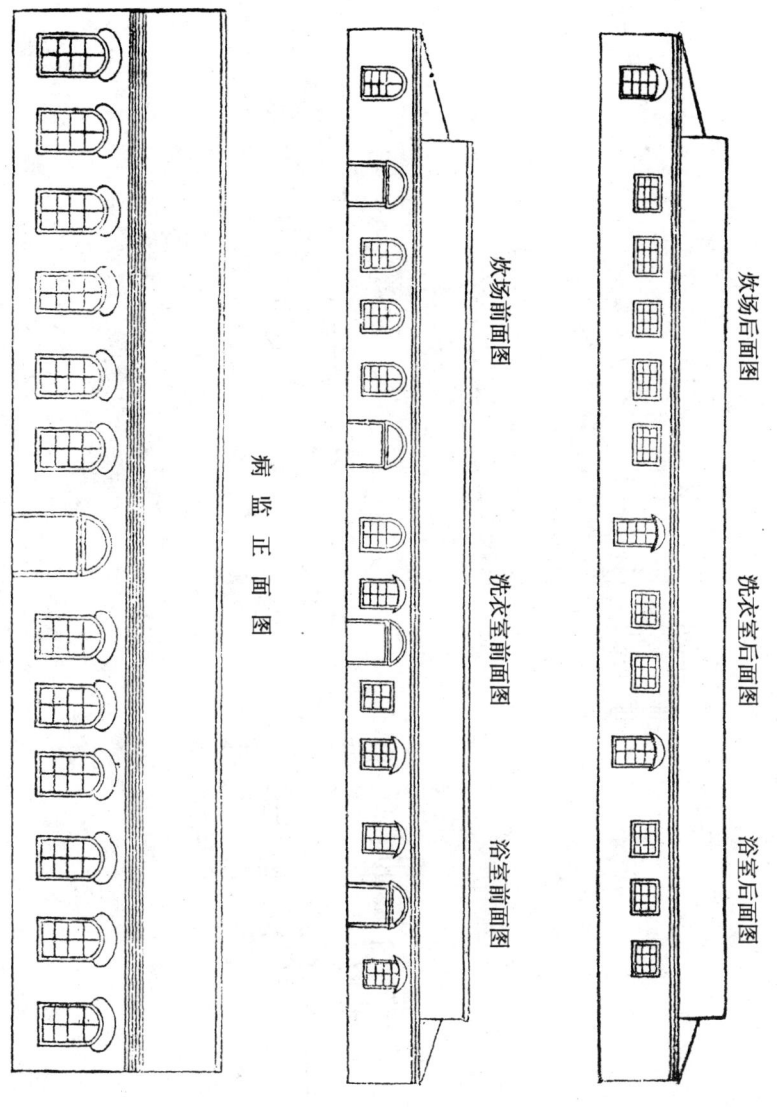

第五编 · 监狱构造

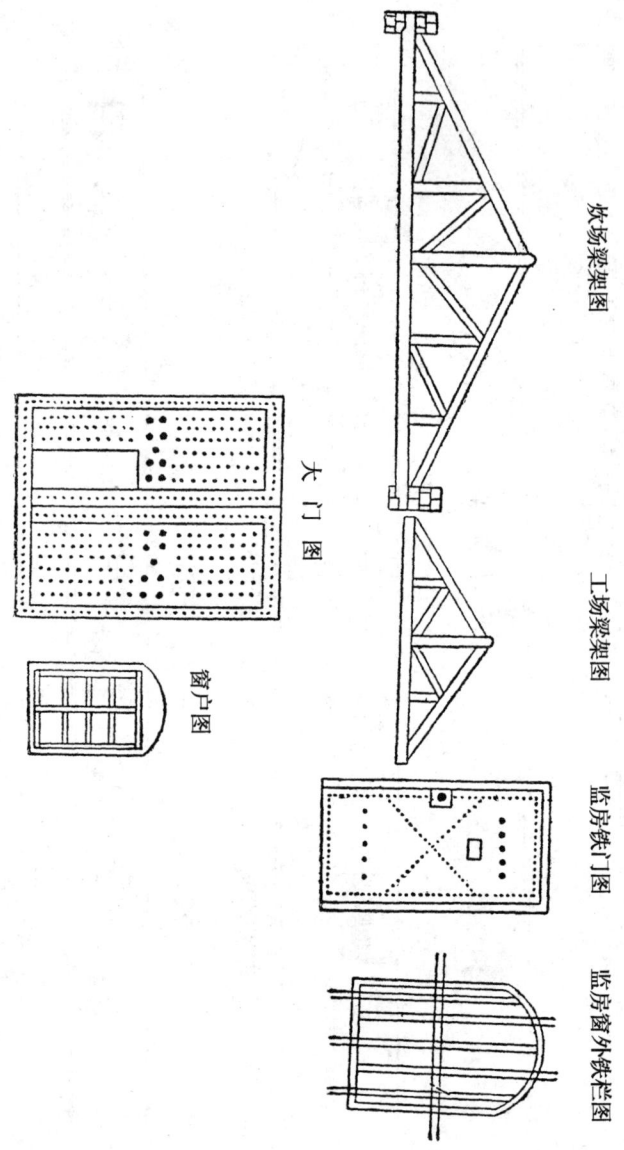

212

第二节　图式说明

一　面积及围墙　监狱面积须三十六万方呎，为四方形，每面六百呎，四周围墙高二十呎。

二　监房配置　监狱内昼夜分房八十四间，夜间分房二百八十八间，三人杂居房四十八间，共容五百一十六人。

三　监狱大门　大门宽十六呎，高十四呎，门旁凸出七呎半，作半圆柱形，门楼共宽五十七呎。高二十八呎，进身十五呎。门楼上有花栏圆柱凸出处，上有墙朵，大门、旁门、房门、卫房各一间，大门内小院一座，宽一百三十五呎，深六十五呎。

四　事务楼　事务楼前面及后院，内有五呎宽游廊，楼上游廊有铁栏，典狱室宽四十呎，深五十呎，高一十二呎。接待室同上，讯问室宽七呎半，深十五呎。三科办公室，宽十三呎半，深十五呎，会计室宽二十呎，深十五呎，面会离隔所八间，各宽五呎，中间留五呎，用木板隔开二面木板，上开一方孔，二呎见方，上蒙铁丝网，物品送入所，宽二十呎，深十五呎。一科办公室，宽十五呎，深十五呎，一科左首设楼梯一，以通楼上，检查暂候室及浴室，宽五呎，深十呎，检查室及识别室，宽十呎，深二十呎。职员宿室，右首设楼梯一座，茶房宽二十呎，深十呎，二科各室，宽二十呎，深二十呎。

五　中央看守楼　看守楼乃十二方形，各方宽十八呎，高十二呎，楼上为教诲室。

六　监房　分三种：昼夜分房，夜间分房，及杂居房。昼夜分房，宽八呎，深十二呎，高十二呎，气积约九百余立方呎，窗三呎半宽,四呎高,光积约十六方呎,上扇窗能撑开,窗外有铁栏,铁门宽四呎,高七呎,门上有方孔,上镶玻璃,以便查看。夜间分房,宽七呎,深十二呎,高十二呎,气积约八百余立方呎,窗宽三呎半,高二呎半,光积约六方呎。三人杂居房,宽十四呎,深十二呎,高十二呎,每人气积,约五百余立呎,窗二个,三呎半宽,四呎高,光积共约二十方呎。

七　工厂　除昼夜分房监,在房内作业外,其余各翼后设一工场,划分四间,每间宽十八呎,深四十二呎,容三十余人,每人气积约三百立呎,每工场正面六窗,旁面二窗,每窗宽四呎,高六呎,工场楼上,存放物件。

八　运动场　由看守楼至运动场,约一百二十余呎,运动场作扇面形,每扇设运动场十六个,每场长七十呎,进处宽四呎,深处宽八呎,深处设小顶盖一个,以备风雨,各运动场用八呎高,木板隔开,每场中开设花池一个。

九　病监　病监内设医务所、药室、看守室各一。独居病房十一间,宽九呎,长十五呎,杂居病房五间,宽十八呎,深十五呎,左首便门,通精神病监,右首便门,通传染病监,外附尸室二间。

十　炊场　炊场宽六十呎,深三十五呎。左首附薪炭室一,宽二十呎,深十五呎。储粮室一,宽二十呎,深十五呎。

十一　洗衣室　洗衣室宽二十五呎,深三十五呎,两旁附置衣室、熨衣室,各一间,宽十呎,深二十呎。

十二　浴室　浴室宽二十六呎,深三十五呎,中间用板壁隔开,里间设浴池。

第三节 建筑说明

一　办法　监狱全部工程,须按图样说帖建筑,包工人不得稍有违背之处。

二　地基　监狱须背北面南,包工人按照指定之地,定准方向,照地盘图所注明之尺寸。用灰线铺设地基,经监工人复勘无讹,方定期开挖,至应挖地基之尺寸,因各处地质不同,难以臆断,未能于图中注明,各处须有包工人按地质勘定,最少须宽二呎,深四呎,挖槽须直四角见方,深须挖至勘定之尺寸,槽底须于铺置三和土之前,用适重之石夯或铁夯,打平地基,用洋灰三和土或石灰三和土,由监工人按地质妥定。三和土作法,详见后条。

三　洋灰三和土作法　洋灰三和土,须用一成洋灰,三成净锐砂,六成碎石,用适量之水,在木板上拌匀,如用搅三和土之机器最好,如用人工,务须多翻数次,至颜色均匀为止,再行铺入槽内。洋灰须用缓性洋灰,砂中不得搀土,碎石须坚硬者,其大小以能透过二吋方孔之洗筛者为度,不得再大。

四　石灰三和土做法　石灰三和土,须用一成石灰,二成黄砂,或素土,四成碎砖,三样拌匀,乘热下槽夯筑,随用随搀。凡碎砖块之大小,至大不得过二吋,洗筛,每层三和土均下十二吋,打实时八吋,先用木夯,再用石夯打平。

五　隔潮油毡　随房内之地平线,铺油毡一层,以御潮气,其宽窄与墙相同,每接头搭三吋,接头愈少愈妙,油毡铺定,再于油毡上刷黑臭油一次,更撒一薄层干砂,再砌墙"毡用黑臭油制透,即为油毡"。

六　瓦件　全部用瓦,须一律,能用机器压制之瓦最妙,或土制坚硬之瓦。

七　洋灰浆做法　洋灰浆,须用洋灰一成,砂子三成,务须拌匀,随拌随用,隔夜者则须抛弃,不准再用。

八　白灰浆做法　白灰浆,须用白灰一成,砂子二成,砌墙灰缝厚不过二分。

九　墙内砌铁腰子做法　每墙身在架地板,龙骨木,下用大洋铁腰子铺两层,接连四周围墙身,此洋铁腰,先用黑臭油刷好,砌在墙里,铺铁腰两层,每一层隔砖两层,砌铁腰子处,必须用洋灰坐砖,仔细砌好一呎高,每拔旋处,用洋灰灌浆,砌完后交手眼必须用洋灰坐砖,堵成一样。

十　洋灰窗户台过木做法　所有窗户台及窗过木,全用洋灰料,内加铁棍,用木模子做成,再上光面。

十一　木料　所有木料,全用最坚固木料,成色须好,凡有节裂等料,概不准用。合同批后,即行定买,所有门窗,急须开工做成备用。

十二　屋内门口过木做法　门口过木,每门口如三呎者,三寸,四呎者,四吋,此为每"一呎一吋",此过木两头,用臭油刷好,再用。

十三　地板做法　所有一切地板,须用一吋厚,四吋宽,龙凤筍,用暗钉钉好,地板上之缝子接头,必须刨平,以备上油。

十四　龙骨木(地板横架)做法　所有龙骨木料,概用最好木料,十二吋宽,二吋厚,摆龙骨木每当十五吋见中。每顺龙骨木过六吋处,用二吋方十字架小枝棍一镗,用大钉钉好。

十五　楼梯　楼梯由底层至上层,用好木料做成,扶手五吋宽,二吋半厚,楼梯大柱七吋见方,小栏杆五吋宽,二吋半厚,踏板一吋半厚,立板一吋厚,俱全成一块,务极坚固。

十六　围墙板做法　事务室楼各房四围墙板,全须十吋高,一吋厚,做成洋式,起线精美。

十七　各门做法　各门用二吋厚料,镶心四块,二面镶线,门上亮窗,须用三吋五吋料起线。

十八　窗户框做法　所有窗户框大小,全用三吋五吋料起线,方板做完,临安时须着抗水板一个。

十九　窗户插销做法　监房窗户上扇窗,均要能撑开,活插销俱要上等西洋铜货,各窗户大小插销,并通天插销,俱用上等铁货。

二十　房顶梁做法　房顶梁架大小尺码,并须照图样做好,用最好木料,两边有插铁,用螺丝上紧。事务楼料与工场架梁料同。

二十一　房顶做法　房顶须用木板钉成,再铺粗油毡一层,上盖二十四号瓦楞白铁,上下搭头,须搭六吋,两旁须搭两楞白铁,螺丝钉须旋入铁盘下,须垫麻,并浸以白铅油。

二十二　各沟做法　各沟须用二十四号白铅铁造成,三吋四吋见方,淌沟八吋,五吋见方,接头接好,不得渗漏。

二十三　隔板墙做法　所有一切隔板墙,须三吋四吋见方,木料立柱支棍要房架子式,立柱每十五吋一根,用大钉钉好,两边再用小板条,二分厚,一吋半宽,四吋长,钉好,上抹麻刀灰。

二十四　墙土粉白灰做法　各屋内墙上,必须上麻刀灰一道,再上石灰浆一道。

二十五　大门抹洋灰做法　大门正面抹唐山洋灰,所有全部起线砖跺等处,须抹洋灰,厚一吋,或一吋有余,至薄六分,墙身均抹洋灰,至于抹洋灰处,所有一切楞角、檐子、柱子、大小花棱,必用头等匠人,小心作成,大门内修门房门卫房各一间,四周围墙,高二十吋。

二十六　事务楼做法　事务楼正面及院内留五呎游廊,楼上游廊,有四呎高铁栏,房深十五呎,职员宿室及一科屋内楼梯各一架,通楼上,用板墙隔开,事务楼正面,共梁十九架,左九右十,余类推,梁设扇墙中间,或门窗中间。

二十七　中央看守楼做法　中央看守楼,高两层,中间两旁,楼梯各一架,通楼上,楼底有横架大扡二,宽八吋,厚十二吋,楼下两窗,楼上七窗。

二十八　监房做法　监内楼上游廊架柱,夜分房七呎见中,昼夜分房八呎见中,杂居房七呎见中,游廊宽四呎半,相隔处,用二吋宽三分厚铁条做成,架子每档一吋五分,夜分房及昼夜分房,门居中,杂居房,门居旁。

二十九　工场做法　工场后面旁面之窗户之隔离,一如正面,各场内有一楼梯,上工场梁架十呎半见中,过堂梁架九呎见中。

三十　运动场做法　运动场,用吋板做成,高八呎,各场最深处,设一小顶盖,以蔽风雨。

三十一　炊场、洗衣室及浴室做法　以上各屋内,共梁十四架,浴室内设浴池一个,用唐山洋灰做成。

三十二　炊场、洗衣室、浴室及厕所地板做法　先下碎砖六吋,用木夯打平,再下三和土六吋,用铁夯打平,后用唐山洋灰砂子抹一吋厚,上有花纹用法一成洋灰三成砂子,砂子洗净再用。

第三章 监狱构造之经济研究

近世狱务,主义更迭,方法新异,故内部设备,日益繁复,而建筑之范围,亦更扩大,一监所费,动辄数十百万元,尝闻美国监狱建筑,统计每人需费美金四百元,德国统计,每人需费六百至八百马克。吾国物力薄弱,固难追随欧美,但按之新监最低条件及建筑法式,倘作一合理之分析,究能减至若干程度,自不得不悉心讨论者也。

第一节 欧制监狱构造标准研究

吾人欲讨论监狱建筑之经费,不得不先研究各国监狱之情形,兹分列监内间室之种类,及其容积,俾可得每犯所需之大概,以为计算之标准。

一 监房 监房种类,有五:

甲 独居 独居气积,各国法定自二十二至三十立方公尺,为数略有不同,今以面积统计,每房(连墙)为九、四零平方公尺,加过道穿堂约百分之六十,共合十四·零四平方公尺。

乙 杂居(容三人至六人) 杂居气积,每人以十六至十八立方公尺为率,兹以面积统计(连墙),每犯占地六·八零平方公尺,加过道穿堂,约百分之五十,共合一零·二零平方公尺。

丙　大杂居(容十人以上)　每人气积,以十至十二立方公尺为率,兹以面积统计,每犯占地(连墙)四·四零平方公尺,加过道穿堂,约百分之三十,共合五·七二平方公尺。

丁　夜间分居　该房气积,以十至十六立方公尺为率,兹以面积统计(连墙),每房占地五·四零平方公尺,加过道穿堂约百分之六十,共合八·六四平方公尺。

戊　暗室　其气积与占用面积,与上开独居监同,但为数不多,于经费总数上,无大关系。

二　入狱侦查室、清洁室及消毒室　此为犯人入狱,经过检查之后,复入浴室冲洗,其所御衣服,则付消毒室消毒后,方得收存库房。

三　浴室及盥洗室　按全监人犯之多寡,酌备公共浴室一处,其设备,须注意穿脱及安放衣服之所,其盥洗之处,则须就各监翼中备之,俾使各犯,常清洁,而有秩序。

四　病房或病院　病房设备,欧制均以监犯全数百分之六至八为率。每人气积则自二十立方公尺(杂居),至三十立方公尺(独居)。为率,兹以面积统计,每病人约占房地及过道穿堂,计十一·五平方公尺。

五　炊场、储藏室及面包作　炊场及储藏室,每百人约占十三平方公尺,又面包作,每百人约占八平方公尺,此就五百人以上之设计言之,若二三百人以内之小监所,则犯人炊饭室,每于看守厨房为之,且不另设面包作。

六　洗濯及作场　全监衣服被褥,按犯计数,实属不少,故大规模之监狱中,该项作场,非有充量之房屋,决不能措置裕如。

七　普通工场　普通工场,每人约以六至七平方公尺为率,间有小至三四平方公尺者,须以工作之种类为断,但独居监犯,往往即在监房工作,不另备工场。

八　犯人厕所　除独居监,各有此项设备外,各杂居监翼及工场等,均应设备公共厕所,且各监翼厕所内,均须备倾倒污秽之处。

九　礼堂或教堂　须按全监人犯之数,各设坐位,且须便于视察,故座位必作梯形,此屋占地既不能小,构造亦繁重,故需费颇巨。

以上系主要建筑物部分

十　典狱长或看守长办公室　凡文书、会计、庶务之外,尚有监房、工场两部事务,大规模之监狱,事务既繁,所用职员亦多,故办公室用地,当亦随犯人之数而增加。

十一　职员宿舍　监狱职员,住宿者多,故员役宿舍,均须设备。

十二　看守或其他职员办公室　看守人数,约为犯人数百分之十,其办公室,虽无需尽照看守人数,但亦应酌量比拟。

十三　犯人接见室　犯人接见,应便于戒护而又宜适予接见,故须分室接见,且须按照人数充分设备,庶不拥挤。

十四　库房　存储犯人衣服洗濯物,既宜有充分之库房,而各犯入狱时,所携衣件物品,亦得妥为安置,故大规模之监狱,该项房屋,为数亦不少。

十五　医药处　医药处,大都设于病监中,其所需如诊治室、药剂室、医生宿舍、厕所、监丁室等。凡大规模之监狱,皆应比照监犯人数,酌量设备。

十六　其他建筑物

（甲）侦查室，以备法官莅监审问。

（乙）消防室，以便设置全部消防器。

（丙）公共厕所，以备监丁工役及其他莅监人等之需。

（丁）门楼了望台，大监占地宽广，须按围墙形势，酌设了望台，以瞻犯人之动静，门楼为发生事变之时，防御上所必需。

（戊）运动场，户外运动，为犯人卫生上所必需。

（己）场圃，利用犯人之工作，谋蔬食之自给。

十七　围墙　全部须有坚固之围墙，庶足以蔽护一切，故大规模之监狱，其围墙之费，为数颇巨，亦有将职员宿舍一部地，划在大围墙之外，以略省其费者，然所省亦微。

十八　沟路　非有沟渠，则排泄不利，即不免有臭污、潮湿之病，事关全监卫生，应注意计划。

以上系附属建筑物部分

第二节　我国监狱构造标准研究

吾人今为工程经济之研究，固不必为主义之左右袒而侈论丰俭。第一就新监规制之所需，揆诸吾国经济之状况，社会生活之程度，斟酌损益，而确定其需费多寡之范围，以供当世之采择，固不能因噎废食，不顾政令之需要，而减少其房屋。又不能以少作多，漫无气积之标准，而紧缩其间量。此研究者职责之所在，而不含糊依违其间者也。

一　监房　监房计划，应以气积为基础，但吾国尚无定制颁行，只以历年参照欧制，审察国情，而酌用为设计之标准者为断。

甲　昼夜分房　独居气积,都以十六至十八立方公尺为率。合之欧制,约可省百分之三十。以平面统计,每房连过道穿堂等,约占地九·七三平方公尺(连墙),按此房占地既多,建筑费亦昂,故自经济方面言之,以少建为妙,但在房内作工,可省一部分之工场费。

乙　杂居房(自三人至十人)　杂居气积,每人以十至十二立方公尺为率,(假定日间皆上工场),合之欧制,约可省百分之三十,以平面统计,每犯约占房地及过道穿堂等,计七·一四平方公尺。按此房占一监之大部,但分间愈小,建筑费愈大,故三人杂居,宜慎重酌定。

丙　大杂居　自江苏二监所建此类大房十间后,以建筑费省,故推行甚速。每人气积虽仍以十立方公尺为标准,但所占过道穿堂地特少,以平面统计,每犯只占地四·四二平方公尺,此为最经济之办法,但仅适用于短期轻微犯,故每监只可酌备二三,不得以其费省而滥用也。

丁　夜间分房　该房气积,以十至十二立方公尺为率,合之欧制,约可省百分之二十。以平面统计,每房连过道穿堂,约占地五·七七平方公尺,按此房占地虽少,但建筑费却不省。

二　侦查,清洁及消毒等室　入狱侦查,自须另备专室,但可依次而入,无需过大。清洁室一项,如吾国现设各新监,往往即用公共浴室为之,不另备清洁室,消毒室则遇皮肤、花柳等传染病者,所携物品,特别处置外,吾国新监,当未有此项设备。

三　浴室及盥洗室　浴室设备,以日本式之公共浴室,最为经济,而又合卫生,但浴池之外,须另备冷热水缸,令浴者在池外冲擦,又池外坐地,及衣架设备,不可不注意为之,在大规模之监狱,确有另备盥洗室之必要,最好设于各监翼之一端,或两翼合设一室,此建筑费虽有增加,而于犯人之时间劳力,均为经济,则看守之事务,亦可简省。

四　病房或病院　吾国疾病率大,故病房设备,宜较欧洲为多,吾国历年设计,都以百分之十为准。气积,则独居以二十立方公尺,杂居以十六立方公尺为率,故病房面积统计,较之欧制,约可省百分之二十至二十五,但间数则须增加百分之二十至三十。

五　炊场储藏　按吾国监狱炊场,以煮饭故,占地须较欧洲者为大,但无须设面包作。如五百人之监,其炊场须有一百至一百二十平方公尺面积。其储藏室亦须较大,约需面积五十至六十平方公尺,炊场高度,须在四公尺以下,房屋过高,不特建筑费昂,且蒸气易冷,不易流出,反不卫生。

六　洗濯及作场　洗濯场,关于全监犯人之清洁,不可轻视,须按全监人犯之衣服被褥数目,酌量设备,其建筑面积,不得小于炊场储藏,此场与炊场两项,不妨用平房合作一院,则使用水火较为便利,构造不妨从简,当较监房办公室为省也。

七　普通工场　欧制,每人以六至七平方公尺为率,虽关于工作种类,不无出入,自不能任意缩减,但昼夜分房人犯,既可不必再备工场,再除日用工作,如炊场洗濯及园艺外役等,约计占全数之二三成,则按全监人犯之半数设备,当可敷用矣,如监房用楼,工场亦可酌用一部分楼房,则建筑经常各费,均可较省。

八　犯人厕所　除独居监各房,自有设备,不必设公共厕所。但亦宜于过道之向外一端或附近,设清洁室,以便倾倒污秽,各杂居工场,均宜于附近设公共厕所,坑位以每三十人为一位,小便须另设尿池,厕所房屋,容积不宜局促,构造亦不宜简陋。此关于清洁秩序者至重，不当过于从俭也。

九　礼堂或大教诲室　大教诲室，如按全监人犯广设座位，则房屋不能不宏大，构造必至于烦重，按之吾国国情，既无宗教礼拜之需则酌备教室足矣。此巨大支出，大可从俭，至办理假释或大演讲等，不妨择空院广场行之。

以上为主要建筑物部分

十　职员及看守办公室　大规模之监狱，事务殷繁，房屋固不能局促，致碍进行，但如能处事经济，用人紧缩，则办公室之大小，未尝不可从省，如看守人数，查德制约以人犯数百分之五计算，乃吾国新监都用至百分之十，尚嫌不敷，此用人之不经济，则房屋之设备势必随之而增大，其故在彼而不在此也。

十一　职员及看守宿舍　宿舍须按人数设备，固不能缺乏简陋，妨及卫生，致有减少工作能力之虞，欧制且为有家室者及永久职员，设特别宿舍，无非使在职人员，能安心尽力，而增长工作之效果。吾国监狱职员，待遇苦而用人多，房屋需要因而加增，故名为简省，而实不经济。

十二　犯人接见室　旧式接见室，仅于广室中设隔墙。每一接见处，即于隔墙上开一小窗。则房屋构造简单，占地亦少。新制则分室接见，各室以栏杆分隔前后三部，犯人占后一部，接见人占前一部，中间则为看守巡视之处，所需房屋自较多，但此亦为改善犯人待遇之一，且于监中秩序有关，不得谓为浪费也。

十三　库房　库房之需要有四：

（一）保管犯人携入物件。

（二）存储犯人衣服被褥。

（三）收存工场材料成品。

（四）保管本监所有物件，夫关于犯人物件，须按全监人数设备，其房屋自不能少，工场库房，应视工作种类酌定，而本监物件，则所占有限。

十四　医室　病监医室，须有大小三间，乃称完备。（一）为诊治室。（二）为药剂室。（三）为医生宿舍。前二室大小亦须视全监人犯总致而定。

十五　门楼及了望台　大规模之监狱，为戒护周密计，此项楼台，亦有酌设之必要。但视线须周至四面围墙之内外，吾国新监，往往于各监翼居中建三四层之高楼，以作了望台者，仅壮观瞻，无裨实用。

以上为附属建筑物部分

第三节　两制构造之比较

一　围墙　墙厚三十八公分，高五公尺至六公尺，材料则碎砖，土坯，沙泥（泥打墙），都不合用。基地不宜过于扩大，（建楼房可省地详第五条），内部隔墙不宜滥用大围墙。

二　列房式（房间过道排列形式）　一监建筑之费，监房占大部，故不得不注意其经济之处，如前所论，独居杂房，每间或每犯所附穿堂，过道等屋，竟占监房百分之五十至六十，此犹就双列房式（两面房间中设过道）而论，若用单列房式（一面房间，一面过道。）计算，则须更加过道百分之三十至四十，可知建筑极不经济，故精于设计者，虽于病监中偶一为之，而普通监房，则鲜有采用者。

三　房屋层数　欧美监房都高至三四层，而吾国则狃于积习，乐用平房,近年偶有采用二层楼房者,然犹推行未广,但自经济方面言之,楼房较长于平房,如楼房之加用楼板,(非指全用钢骨水泥构造),较之平房之多用屋顶,墙基,已不无所省,而占地特少,则附属之围墙,院路,水沟等,所省尤属非细,此不特监房办公室可行,即工场教室亦可采用,倘能令各翼人犯,分别上下,就近出入,不特日常秩序当益加善,而管理戒护,劳力亦颇经济。

四　钢骨水泥构造　查欧美监狱建筑监房,平顶楼板,均用钢骨水泥构造,盖为戒护周密,及防避火灾之故,虽所费较昂,而无不认为必需者也。但吾国现在财力薄弱,监房为数过多,决不能负此巨费,故如用楼房,则过道楼梯,自不能不用钢骨水泥,以其坚实避火,且省修理,不应从俭外,余如监房工场楼板,则宜斟酌造价,及应用情形,慎重为之,则合计总数,所省非细。

是章大意,系前司法行政部技正贝寿同[①]先生研究所得,余以其适于实用,因斟酌损益,以实本编。

[①] 贝寿同(1875—1945),江苏吴县人。上海南洋大学毕业,1910年官派留学德国,毕业于夏洛顿盘工科大学建筑系。1915年,在北洋政府司法部和国民政府司法行政部任技正,主持设计多座新式法院和监狱建筑,执教于苏南工专、北京大学、中央大学等建筑系。是赴西方学习建筑的首位中国人,建筑大师贝聿铭的叔祖。

第 六 编

万国监狱会议

第一章 第一期会议

犯罪随社会而产生消长,为各国共同之现象,亦为世界之公敌。而其发生原因之复杂,又为各国所共认为极难分析之问题。虽用种种科学方法,聚多数法学巨子,悉心研求,尽力探讨,而终难得一防遏之道。监狱者,所以防遏犯罪者也。故其学术,亦必聚列国而共同讨论之,方能收取精用宏之效,此万国监狱会议之所由起也。万国监狱会议(Congrès Penitentiaire International),自开始以来,可分为二期:第一期起于一千八百四十六年,至第三次会议为止。第二期于一千八百七十二年,在英之伦敦开第一次会议,至一千九百三十年在捷克之勃拉克开第十次会议为止,但是此次已改称为国际刑罚会议(Congrès penal et penitentiaire International)也。

第一节 佛兰克孚尔特会议

德之密忒尔迈耶尔、荷之斯林格、比之丁克别其阿、法之孟罗克斯托夫、英之何威德斯勒塞尔等,鉴严刑不足以禁奸,狱制当首重感化,各国虽莫不励精改革,然其间制度参差,各是其是,可否得失,迄无定论,于是组织万国监狱会议,力谋解决协议方法,遂于一八四六年,会议于德之佛兰克孚尔特。其所决议,即采附条件之分

房行刑制,但对于幼年犯罪不适用此制,其所论条件,有如下述:

一　许从事工作,准自由游行,既施以道德上、宗教上之教诲,并许接见教诲师、狱吏、医生、监狱委员,及囚人保护会之委员。

二　对于长期囚徒,则施行阶级制,渐次宽其待遇。

三　对于病囚,免其分房监禁,而留置于别房。

四　本囚人的性情举止,得缩短其刑期。

五　拘留监亦可施分房制,但其囚禁之程度,以防止相互交通为限。

以上为该会所决议之办法,并由该会议定于次年在比京开第二次会议。

第二节　伯鲁塞尔会议

一八四七年,第二次会议在比京伯鲁塞尔,与会者除热心改革之学者外,尚有其他各国之政治家、法律家及政府代表,人数数倍于第一次会议。兹录其讨论之重要问题如下:

甲　幼年犯罪问题　其议决案,约可分为三项。

一　特别监狱

二　教养保护

三　条件附放免,刑期既满,仍得令就业,故与"假释"略异。

一、二两项各国已有行之,惟"条件附放免"之制,对于"有罪幼年"之在幼年监者,尚未实行,至处"无刑幼年"之感化院,则已有实行者。

乙　分房建筑问题　以英国之"平腾呆制"为标准。

第三节　佛兰克孚尔特会议

第三次万国监狱会议，预定在瑞士或荷兰开会，因革命中沮，越十年，复开会于佛兰克孚尔特，时一八五八年也。其所讨论，不徒以行刑防遏犯罪之方法亟当讲求，即对于犯罪发生之原因，亦加以研究。其预防之策，贫民之救济与教化，均属预防犯罪之重要问题，亦是会中最注意之点，故又曰救济会议，但所标榜之范围过广，议论多而成功少，于是该会议之信用，逐渐薄弱，该会之命运，因此以中绝，殊为可惜耳。

第二章　第二期会议

第一节　伦敦会议

美国瓦因斯博士,鉴本国各州刑法及狱制不同,特组织一"美国监狱协会",以谋各州狱制之统一及改革(此会至今犹存)。至一八七一年,美国政府派瓦因斯博士,遍访各国,要求更开万国监狱会议,次年始由各国派代表开万国监狱会议于伦敦,是为第一届万国监狱会议。

此次会议,鉴于前次范围太广,空言无补之弊窦,特确定其范围,趋重于事实。首先征求各国狱务上之报告,就各国报告事项,较其异同,评其优劣。议题凡二十有九,兹分列于后:

一　监狱中囚人至多容纳若干

二　各种行刑制之囚人汇类法

三　行刑法规

四　可否以体刑为狱内惩罚

五　囚人施教之方法

六　看守学校之设立

七　统一自由

八　徒流刑

九　可否以剥夺自由为唯一之刑罚

十　以强制劳役代自由刑

十一　不定期刑

十二　假释

十三　警察监视

十四　惯行犯之处置

十五　狱内劳役

十六　监狱之监督

十七　统一监督权

十八　少年犯罪之处置

十九　国际监狱统计

二十　免囚保护

二十一　免囚恶性复萌之处置

二十二　收买赃物之处置

二十三　体刑是否绝对废止

二十四　有期自由刑之最长期

二十五　拘留囚之待遇

二十六　国际罪人交付条约

二十七　行刑制度

二十八　小监狱之研究

二十九　女监之共同工作

至其决议之大旨，以折衷分房制及阶级制为依归。即对于短期囚，全适用分房制，长期囚则于定期分房囚禁以后，适用阶级制。

本会所讨论，原不过就前次议决大纲，加以补缀修正。然自一八五八年佛兰克孚尔特会议中断后，至此中兴，故现代监狱学者，亦称之曰第一届万国监狱会议。

此次会议原倡于美之瓦斯因，瓦氏在未开会议前，曾手订纲领三十六节，分致会员讨论，是为该氏研究八年之所得。欧战以后，关于行刑新思潮多本于此。兹录于次：

一　故意破坏法律所指定之职务，以致他人受损害时，为罪。正式法庭，所判为有罪之人，为犯。因其犯罪加以痛苦，以求其改悔自新，为刑。

二　刑人以罪，所以保护社会也。故刑乃施之于犯法之人，而非施之于所犯之罪。如是则以使犯人自新，乃法律之目的。故监狱第一宗旨，即在使罪犯改悔自新，而不取报复主义。

三　凡郡拘留所以上监狱，均应按照犯人品行，区为等级。并施行记分数法。

原本云：凡拘留所以上之监狱，均应按照犯人各种之程度，列为等级。不得概以年龄罪名等事，为区分之标准。其等级，至少应分为三：（一）刑罚期，分房制期限之长短，视品行之优劣。（二）改悔期，用积分法，分别班次。令犯人按班递升，并按其程度，逐渐增以各种利益。（三）实验期，凡认为能自新改悔者，始入此期。以便实验其改悔之真伪，盖犯人改悔，必须施以此种实验，方能信任，否则不能得正确之效果。现在出监之人，以未经此种实验之故，每不为社会所信任，而难得正当之生活，嗣后各监狱，宜均设实验部，以弥其阙。

四　希望之作用，大于恐惧。应以各种赏与，奖励犯人之道德学问，扶助犯人之品行艺业，以生其勤奋有功之希望。奖赏在监狱，较之压制，实尤要也。

五　犯人在监时，应使其自知将来之利害，在其个人掌握之中。其一切之待遇,应使之能以个人之事功,而获益。其所居之地位,及一切之所为,均应使之洞晓关系,俾对之而生结合感情。

六　现在本国(美国)各州监狱改良之两大阻力,为受政党之支配,及官吏之不能久于其任。此两事不排除之,监狱改良之前途,终无希望。

原本云:政党所万不可干预者,宗教居其一,教育居其二,监狱居其三。盖监狱之性质,乃合宗教教育两事而为一,一切改良改悔之设施,无一能越宗教、教育两途范围之外,夫训练心志脑力,乃监狱之首图。质言之,即于犯人心中,使其滋生道德,故监狱官吏,自应特别慎重选择。无故不得去位,然不脱政党之干涉,决不足以语此也。

七　监狱官吏,须以聪敏品端之人,加以特别之训练。

原本云:须有切实之练习,专一之心志,沉静之观察,果决之趋向,长久之经验,恺切之衷怀,纯全无亏之道德。盖以必如是,始能专精其事。合于科学之原理,而得良狱政焉。盖监狱之职务,亦与他种艺业同,非专门练习不可。

八　徒刑之判决,应改为不定期。盖有期徒刑,以经过若干日之期满为度。不定期刑,以改过迁善为度。

九　促进改悔之利器,以宗教为第一。以其对于人心,有最大之感化力也。

十　教育亦改悔利器之一,教育之功用,足以启迪人之知识,足以劝勉人之自爱,足以激动人上进之心,足以化除人卑下之念,至其可以为无谓、下等、及其他恶劣游戏之代品。尤其微者,故教育之于在监人,实居最重要地位,宜切实行之。

十一　欲求犯人自新,则监狱官吏,先须深信犯人可以自新。

大凡人之所为，必其知行合一，方能获得良结果。未有知行相违，而足与言成事者。

十二　监狱苟实行改悔政策，则必须取得犯人之意向。犯人之心，如趋于抵抗，则将何从入手乎！故不得犯人意向上之调和，则无论何法，皆不能收效。有断然者，犯人所趋之途，如其有益，官吏必从而开辟之，则官吏与犯人，行既同辙，自可引导犯人循行正路于无形之中。而成为习惯，故意向之调和，改悔之要素也。

十三　社会与犯人，当使其有相爱之感情，因其利害相同也。而现行之法律，无非与罪犯为激烈战争。彼此抵抗，毫无友爱之情，倘能于判决罪犯之时，不为豺虎有昊之弃，而以慈亲之心理戒勉之，待以宽厚，训以道德，不徒责以痛苦，则两方感情，有不融洽者乎！

十四　犯人自尊自重之心，须极力培植之。俾得保护其天赋人格。监狱对于犯人，每以耻辱为惩罚，此实错误之最大者。盖犯人甫露迁善之机时，此种事最足以勵(zhú)刈之。而其结果，弱者不可复萌，壮者激而不随，适足使其服从心，改悔心，尽行歼灭。是对于宜助长者，而施之以践踏，既失仁爱之旨，复乖诱导之方，智者所不为也。

十五　监狱行政，应广施道德之熏陶，而舍弃身体上之强制。行多方之劝勉，代压服之严威。其目的，在制造正直勤奋之自由人，而非制造唯诺卑鄙、绝对服从之在监人也。然非注重于道德上之训练者，曷足以语此。倘仅制服其冥顽不灵之肉体，虽若臂之使指，曾何益于其心性上之改悔与自新乎！至宽之与猛，其失相等。要在须使犯人能自为抑制，或祛除肉欲，或抵抗外诱，斯为监狱宗旨。

十六　工艺上之训练,应较前各项,尤须力谋发达也。盖工艺不仅可资以谋生,抑亦道德之补助。健固灵活之工作,实改悔训练之要资。换言之,工作不惟能助人改悔自新,实乃改悔自新之根本。著名之监狱家,约翰·哈华特氏尝曰:使其人勤恳,则其人即归于诚实,斯言为本会所最赞成者。

十七　工作在监狱为要图,于外间工人,并无侵碍。本会以为我国监狱现行之包工制,关于纪律、财政、改悔,其弊害有不可胜言者,且时损及社会上普通工人之权利。

十八　哀尔兰监狱法之优点,在分房制之严密,改悔期之陟升,考验期之自由,倘试用之于我国,当亦能收同等之效果也。

十九　监狱与犯人,均当类别,如待质监、不能改悔监、妇女监、幼年监,均当分别设置。

二十　本会以为屡次加犯人以短期之监禁,实不如不监禁之。盖短期之监禁,不惟不能杜绝其再犯,实足激励其再犯,原改悔之事,须待之以时日,欲求犯人利益,及社会之安全,不得不循次以进,以求改悔课程之完全也。

二十一　具有改悔性质之机关,如孤儿院,及工艺学校之收纳幼童之未犯罪而有犯罪之危险者,皆预防犯罪最有效果之机关。

原本云:为拔本塞源计,非此不足以绝其根株,且此种机关,无论如何縻费,亦较之逮捕、审判、监禁之费用,以及犯罪所生之损害,为廉也。

二十二　由监狱放免之犯人,应慎重妥为筹其生路,俾得赎回其在社会上已失之地位。夫国家惩处犯人,未足为尽其责也。即教诲之,使迁于善,其职务亦有未完,盖既已拯援之、提携之,使能独立,则更须扶持之,勿使倾颠,应于各处设立保护免囚会,以辅助救济之。

二十三　犯罪亦与他种工商艺业同,必须具有资本与劳力,始得完成,故对于犯罪者,须洞悉其资本渊源。

原本云:资本可分为四种:

一　以房屋供窃贼及强盗之巢穴,及游戏憩息所者。

一　购买赃物者。

一　质物商质收赃物者。

一　制造犯罪用具者。

与劳动助力,与及将犯罪之劳动者,而一一搜索之,何如取其资本家而根本铲除之。双方并进,其效果必更有可观者。

二十四　个人之自由,既为人人所当享有之权利。凡无辜国民,被社会剥夺此种权利,而加以强制者,查得切实证据,应与以相当之赔偿。

二十五　犯罪者之神经病,于法律上最有关系。我国法律,对于神经病之犯罪,规定极为疏阔。应详为修正,俾法庭遇有以神经病为辩护,希图避免者,法官得以依法审按。如此则伪作神经病者,不至逍遥法外,而真有神经病者,其禁锢亦不至流为过严,以合人道。

二十六　犯人固侵害社会之权利,然本会对于社会,亦不能不有所责备,顾亦非对于罪犯,加以左袒也。试问改良普通国民之地位,排除一切罪恶之陷阱,社会已切实尽行之乎!即犯罪之事发生以后,社会对于疗治方法,行之果无遗憾乎!有以知其未然也。社会对于此两事,应亟图补救之方,以尽己溺、己饥之任。盖犯罪为决不能免之事,《圣经》云:惟陷人于罪者,其罪大,吾侪其勿蹈此罪可也。

二十七　赦免一事，关系綦重，本国监犯之被赦者，每年约十分之一，此于感化上，最属不利，盖常用此种特赦权，则犯人自不专心致志于其改悔之前途。

以下用原本：夫赦免之事，非无罪之放免，州长不当有此特权，哀矜悯恤等事，亦不足为赦免之原因。以其非法之平也。故赦免一事，必须按一定法律行之，不能因犯人之家属不得犯人赦免则受损失，而赦免之，不能因其亲友谓犯人实有冤抑，而赦免之，不能因原判之法官及检察官之请求，而赦免之。然则究应如何而始可赦免乎？一、应于判案之后，发现相反之新事实时。（但此种事实，如发现判案之先，必先证明其无罪者）。二、此种事实，即使不能使法庭为无罪之宣告，亦必可减轻其刑者。据第一种所云：则负此权责者，自当视为职务，而行赦免之权，社会亦当因不正当之监禁，而予以相当之赔偿。据第二种情形，所司亦当衡情准法，减轻其刑，但此种新事实，必须符合法律上之一切条件，始能认为有效，不得以风闻疑似及感情等之作用为事实。此外如因犯人有特别情形，而可赦免或减刑者，亦须就其情节，详细审查之。

二十八　刑期长短之不平，为法庭所最难解决之事。然每因同犯一罪而刑期不同，激动犯人心中之怨忿，而监狱纪律，遂隐受其影响，亟应求纠正之方。

二十九　欲表示我国监狱之内容，则必须编辑极普遍、极完善之统计。搜集此种统计材料，莫如使国家监狱会为之，而佐以各州之分会，或取法新近所设之教育机关，设立中央监狱机关。

三十　监狱建筑，所关甚重，构造宜坚固整齐，外观宜清洁明朗，不宜雕饰，或过于辉煌，为工艺及改悔起见，规模以适中为合宜。

原本云:以三百人为中数,最多不过五六百人。

三十一　监狱之建筑、组织及办理,均由各州政府行之。

原本云:须定阶级上之区别,其内容亦宜区分等次。就犯人之工艺、教育、道德为设置之标准,分别等次支配之。

三十二　监狱之经费,凡郡拘留所以上者,均应取于本监工艺之收入,可不累政府负担。然监狱之成绩,不在经费之节省,而在犯人德育、智育、体育之进步,及其改悔。

三十三　监狱之布置,于卫生上最宜留意暖房与空气两事,应采世界上最完善之法,最完善之器。阳光、空气与水三者,上天之赋予于人也,最为丰足。应使之充裕,不可缺乏,食品衣服,应当使之适于其身体之卫生,而不可华丽。床铺、褥被、被单、枕及枕布,不宜积垢,并须力为洁净,以除虫虱。病院之设备,如药材器具等,均应取人道所必要及科学上最新之应用者。其余备置一切关于身体洁净之事,均不可惜费,而因陋就简。

三十四　欧洲之制,凡幼年在监狱而有父母者,多使其父母担任经费之全部或一部,此法成效颇著,我国监狱,宜仿行之。

三十五　本会深信强迫教育,于减少刑事犯,最有关系。盖与其俟后来强迫犯人改悔,不如预行强迫人民多受教育,缘犯罪多由于失教来也。

三十六　我国监狱,虽略启中央统一之机,而实际对于全国,殊乏监督管理之权责,仍不足以昭划一,深顾将改悔、纠正及预防犯罪各机关,统一其精神,统一其目的,统一其管辖,俾获各部相扶持相辅助之妙用。

按:原本尚有监狱编刊报纸一节,兹补录如下:

教育为监狱之要图,以其能培植犯人之自重心与其人格也。

兹又有进者,则请为报纸之组设,指派专员,办理其事。每星期出版一次,专供在监人阅读之用,盖不问何人,苟与社会隔绝至若干年之久,则其一切智慧,未有不日就锢蔽者,欲其不受天然之淘汰难矣,且久锢之后,一旦被释,则其对于社会一切情形,必属茫然,关于谋生等事,尤为困难,是以必须有此种设备以救济之。

第二节　斯特克孚尔姆会议

一八七八年,开会于瑞典之斯特克孚尔姆,其讨论事项,对于防制惯习犯,少年犯罪及少年无赖者之管理等问题,全会讨论事项,计分三项:

甲　刑事立法问题
　　一　行刑法规
　　二　统一自由刑
　　三　徒流刑
　　四　中央狱务监督机关
乙　行刑制度问题
　　一　国际监狱统计
　　二　看守养成
　　三　狱内惩罚
　　四　假释
　　五　分房囚禁
　　六　分房囚禁之期限
丙　犯罪预防问题

一　免囚保护事业及国家之补助

　　二　防止惯习犯

　　三　无论曾受刑之宣告与否之少年犯罪者,及少年无赖者之管理

　　四　对于犯罪之国际法

第三节　罗马会议

　　一八一五年在意大利之罗马,开第三届万国监狱会议,议题经前次会议时预为决定,其研究之方法及应搜集之材料,业经明定,故各国均依其决议,以为准备,至临时提出之新问题,亦复不少。时意大利医生龙伯罗梭,本医学上研究之结果,觉人类有"生而犯罪者",以为历来犯罪之观念大误,于是有刑事人类学之创始,菲利等复从而演释之。各国学者,群起研究,亦为此会议中一大特色。而于少年犯之父母责任,少年犯罪父母之责任与推事之权限,及浮浪者之处置等问题,极为注意。今就是会之讨论事项,列举如下：

　　甲　刑事立法问题

　　　　A　市民权或政权之剥夺

　　　　B　推事之刑期裁量权

　　　　C　对于少年人犯罪,其父之责任如何

　　　　D　对于少年人犯罪人,推事人权限如何

　　乙　行刑制度问题

　　　　A　分房监狱之构造

　　　　B　对于拘留囚及短期行刑囚之监狱

  C 农业国之行刑

  D 监督委员

  E 囚人之给养

丙 犯罪预防问题

  A 免囚保护所

  B 犯罪国际人名表

  C 罪人交付条约

  D 浮浪者之处置

  E 保护会会员之入监访问

  F 狱内之学童

  G 星期日囚人之工作

此次会议并议定每五年开会一次。

第四节 圣彼得堡会议

  一八九一年，开第四届会议于俄京，时值约翰·哈华尔德逝世百年之期，并举行约翰·哈华尔德百年纪念大会，俄皇亲临致祭，极一时之盛。我国此次始有人加入（见《中华法学杂志》第二卷第八号第一一五页）；但是会讨论事项，现已无处可稽，殊为憾事。

第五节 巴黎会议

  一八九五年，开第五届万国监狱会议于法国之巴黎，议题系旧

题重议。惟流刑问题,法国学者,盛言其利,其理由如下:

　　甲　以犯人放之远方,不致罪恶传染。

　　乙　移囚开垦,为一种殖民政策。

　　日本代表法学博士小阿磁次郎,极端反对,赖赞成多数,卒决议认为可行。

第六节　伯鲁塞尔会议

一九〇〇年,开会于比京伯鲁塞尔,是为第六届万国监狱会议。对于幼年犯罪问题,特加注意,其讨论事项,增为四部:

　　A　刑事立法问题

　　B　行刑制度问题

　　C　犯罪预防问题

　　D　幼年犯罪问题

第七节　伯达拍斯特会议

一九〇五年,开第七届万国监狱会议于匈京伯达拍斯特。从前到会者,除政府代表外,仅刑法学家及监狱学家,至是则各国教育专家,亦多莅会。而监狱学之前途,遂益昌明,盖几合刑法、监狱、教育三者而为一矣。匈京闭会时,由巴何斯宣读美总统西奥多·罗斯福(1858—1919)之通告书,请下次开会于华盛顿,各国咸欣悦赞成,美政府乃盛加预备,而一九一〇年,乃有华盛顿之第八届万国监狱会议。

第八节　华盛顿会议

　　万国监狱会议,虽创自美国,然前七届开会,均在欧洲。一九〇五年,美国议院提出议案,要求政府通知各国,第八届开会于华盛顿,经各国赞同,于是美政府预备美金二十万圆,以为会费,定于一九一〇年十月二号开会,时吾国前清宣统二年八月二十九日也。当时清廷派徐谦(1871—1940)、许世英(1873—1964)与会,是为吾国政府特派专员加入万国监狱会议之始。

　　此届会议开会时期,共有七日,始自十月二日,终于八日,以美洲民主党事务所为会场,与会之国共有三十五国,各国政府派员及以个人资格加入者,男女会员共百十一人。

　　是会为空前之盛举,亦为各国学者,终年研究之精华,志士仁人,苦心试验之结果。观其议决案中之幼年犯罪须加以迁善教育,习惯犯,常业犯之区别,感化院之改良,地方慈善会之受政府委托得监督假释者,游荡无职业之强令工作及酗酒犯罪者之医疗等,则可以知其价值矣。讨论事项,仍分四部:

　　一　刑法立法问题
　　二　行刑制度问题
　　三　预防犯罪问题
　　四　幼年犯罪问题

　　分部讨论决议后,更经总会审定,而问题因以议决,所有议案,爰分述于后:

甲　改良刑法之议案,又可分为三项:

一　不定期刑之推行

不定期刑如与刑法原理不背,则须明定下列二事:(a)对于何种犯罪可以适用,何种罪犯不得适用?(b)不定期刑,既无最长及最短期限,当以何法施行,始无害于人之自由?

不定期刑,如与刑法原理相背,即对于特定犯罪,能以不定期刑,作为附加刑否?并讨论其实施之程序,其结果略如下述:

1. 定期刑仍当保存。

2. 不定期名词既泛,范围太广,恐有流弊,所以适用时,应注意下列三点:

　　A　幼年罪犯,适用不定期刑者,须加以迁善教育;

　　B　累犯者必释放出监后,确与社会大有危险,方得适用不定期刑;

　　C　当适用不定期刑时,须兼采假释制度。

3. 下列四种犯人,得于判决确定时,附判不定期刑,至刑期满时,临时酌定其应否适用。

　　A　最长期监禁者;

　　B　习惯犯罪者;

　　C　以犯罪为常业者;

　　D　犯罪原因,非由外界感触,而其人具有犯罪特性者。

上列四种人,对于社会危险甚大,确难望其自新,故须加不定期刑。至其判断之权,则由审判官、检察官、监狱官、医官、行政官,所组织之合议法庭行之,当开临时法庭之时候,须独立判断,不受外界影响,嗣更议决不定期刑,对于有精神病之罪犯,亦得适用。

二　外国裁判之效力

1. 本国人因重罪及公法上轻罪,曾在外国罹失权及禁锢之处罚者,如回本国,仍应科同式之刑罚。惟从国际法言,此种刑罚,非认外国裁判之效力,顾可以特别诉讼程序,移请犯人本国之法院,按定同式之刑罚科断。

2. 此种特别诉讼程序,可施于在外国犯重罪及公法上轻罪之外国人,依外国政府之请求,亦可适用。

3. 犯人在外国,因犯重罪或公法上轻罪被处罚者,如逃至第三国犯法,该国得认为再犯,按照本国法律科断。

4. 下开二事,当由文明各国订结条约。

  A 此国所定罪名,他国必须承认其效力;

  B 他国如欲知本国人因重罪及公法上轻罪之案情,请求本国详查者,当尽情相告。

5. 应组织国际法律事务所,俾互相移告各国法律及审判与侦查事宜。

6. 凡犯人经法庭认许假释而出狱者,无论至何国,皆当认他有假释之自由。

以上(1)至(5)各条,不适用于国事犯,本会议并请以下列三端由各国会商,下期开会时讨论。

1. 一国裁判所宣告损失资格之罪案,在他国亦有效。

2. 犯人在一国所犯之重罪或轻罪,他国裁判所,亦应注意,以备再犯加重及准予假释时,有所择别。

3. 各国所定之重要案件,当设一国际法律事务所,以司移告。

三　防止罪徒之结合

欲预防罪徒结合,可否以同谋及参预犯罪行为为特别罪状,或认共犯为加重罪情,其结果议决如下:

1. 以同谋为特别罪状,似与各国刑法之精神不合。

2. 近来集合同谋犯罪者日多,而同谋复为犯罪者之惯技,各国裁判官,应有权加重治其罪。

乙　改良监狱的议案,又可分为三项:

一　感化院的改良

近世感化院制度,应据何种良法,方为合宜?犯人入院,应否分年岁等级?少年犯罪及怙恶不悛者,应否特别监视?入院后是否等其恶性全改,始行释放?辩论之结果,议决如下:

1. 凡犯人无论年龄如何,以至再犯累犯,总希望他改过迁善,不可有绝望之心。

2. 凡犯人在监禁之时候,须从惩戒及感化两方面着手。

3. 凡感化犯人,对于德育、智育、体育三种,须并注意,使他出院后,足以自立。

4. 感化院期限,以长期为宜,俾可养成完全人格。

5. 感化院既定长期,必须兼用假释制度,惟出院时必须经过临时法庭认定,出院后必须有相当之人随时监督。

6. 对于幼年犯罪者,当有特别管理法如下:

  A　幼年犯罪,应付感化院者,其期限之长短,由审判官临时酌定,不可拘定法律,总以幼年人须如何时间,能变其气质为断。

  B　长期之囚犯,于刑期未满时,确能改悔自新,经临时法庭许其出院,则原判决之审判官,亦当认可,不得异议。

  C　凡幼年犯罪者,候审时,应与短期监禁人分别场所,不得合在一处。

二　假释制之适用

假释制度,能否更加改良？判定假释之权,应由何种机关行之？其决议如下：

1. 假释制度,当有一定法律,凡罪人在监,须满最短期之监禁刑,方能施行假释,无论何人,皆有享受假释利益之资格。

2. 有判定假释之权者,即临时法庭之官吏,惟出狱后,仍须随时监督,如察其不能改悔,仍可随时拘引入狱。

3. 假释制度施行后,政府须设一定官吏,监督假释之人,如一时未设专官,地方慈善会,亦可受政府委托,管理此事,惟犯人之行止,在相当时期内,须随时报告政府。

4. 所有永远监禁之罪徒,不得假释者,当由司法部司其特赦。

三　监狱中之工作

监狱之大小,何者适宜？监狱之犯人,应否一律作工？其决议如下：

1. 全都监狱,宜设一专部统辖。

2. 监狱中之犯人,无论刑期长短,无论监狱大小,皆当使他工作。

3. 宜设大监狱,俾可容纳多数犯人,经营规模较大之工作,比多设小监狱较为有益。

4. 如不能多设大监狱,则小监狱中,亦必使犯人从事小工作,不可使他闲居。

5. 大监中经营大工作,组织必求完备,须以此种监狱,视为工业学校,此中犯人出狱后,可以命他为小监狱中之执事人。

6. 监狱官吏中,至少须有精通工业,可以指挥一切之一人。

丙　预防犯罪之议案,又可分为四项：

一　缓刑制度之推行。

缓刑制度，各国有已经实行者，它之成绩如何，应否再行推广？对此问题，其决议如下：

1. 缓刑之犯罪，必须使他不得扰害社会。

2. 对于犯罪，必确信其人，不必监禁而能自新者，方得享缓刑之待遇。

3. 缓刑期间，必须有人随时监督。

二　防止游手之办法

防止游荡无职业之办法，认为仍应遵照一八九五年巴黎万国监狱会议之决议。

1. 社会对于流氓乞丐，有采取防范方法之权利，虽加以强制，亦在所不恤；但亦有组织公共赈济所及私人周济事务及维持会之义务。

2. 乞丐流氓其类不一，约可分为三种：

　　A. 有残疾之穷人；

　　B. 偶为流氓乞丐者；

　　C. 以乞丐流氓为职业者。

本上述分类为相当之处置。

第一类之流氓乞丐，当赈济之至身体复原能自食其力为止。

第二类之流氓乞丐，当安置于公共或私人所设之赈济所、栖流所，并强令作工。

第三类之流氓乞丐。当以严刑惩之，禁其再犯。

此外更经决议者数端：

1. 欲减除"以流氓乞丐为职业"，或"甘心为流氓乞丐者"，须设工艺所，所中囚徒须受严厉纪律者，应与他人分居，其有勤敏工作及举动合度者，当类别之，并设法勉励他复权。

2. 工艺所中当以农工业为重，禁锢期当稍长，俾可竟成其业，且使人知所儆戒。

3. 被禁身体上及精神上，均当尽心调治。

4. 对于流氓乞丐之拘留，亦须适用假释与监视（公家尽力为之，如有慈善会协助亦可）之制度。

5. 万国监狱会议，请设法推行乞丐流氓之识别分类法。

三　资助犯人之家属

犯人入狱，家属失其赡养，应如何设法资助？其决议如下：

1. 所有监犯，在监工作，应照其所作工业之高下，酌予工资，分作二分：一半交其家属，俾得赡养，一半俟其出狱时，付作营生资本。

2. 监犯酌给工资，其法虽善，各国尚难实行，即如美国监狱虽多，一时亦尚不能办到，惟慈善会及监狱协会，宜负此义务，不可令犯人家属失所。

3. 监犯酌给工资，既可保护其家属，复能使囚徒出狱后，可以自立，其关系甚为重要，但照目前情形，概难办到，宜请各国政府，对此问题，发表意见，等下次开会时再议。

四　特别监狱之设置

近年来各国对于酗酒犯罪之徒及再犯，有建设特别监狱，而施以长期禁锢（二、三年）者，他之成效如何？并应否设特别医疗机关，以治此等罪犯？其决议如下：

1. 万国监狱会，查得禁锢酗酒汉之长期（二、三年）特别监狱，甚为有效。

2. 万国监狱会，认为不必设特别医药机关，可是监中之卫生事宜，当由有才能、有经验之医士主持。

3. 禁锢酗酒罪徒之事情，当由国家严加监督，俾于最短时期，废止酗酒习惯，以免屡施刑罚。

丁　保护童稚之议案，亦可分第四项：

一　幼年犯之科刑

幼年犯罪，初无责任，审判之法，应异成年，生理社会等学，既贵周知，保护监视之方，尤所当讲，不幸而犯罪，是否与成人犯罪同一处置？如不然，则处理幼年犯之程序，应遵何种原理？讨论结果，议决如下：

1. 幼年犯罪，当特别办理，不得以处理成年犯罪之程序处理之。

2. 处理幼年犯罪，当依下列各条之精神办理：

　　A　审判幼年罪犯之裁判官、预审官，当深知幼年人之性情，乐与幼年习近，并须具备社会学及心理学上之知识。

　　B　审讯幼年犯罪之时候，审判官、预审官之态度，当如劝谕，而有怀爱之心，不容刺讯，而具品评之意。

　　C　对于幼年犯罪者，亦适用假释制度，出狱后必有特定人之监督，惟此监督人，必须到庭听审，俾明了其犯罪之原因。

　　D　对于幼年犯罪，必须使深通社会学、心理学之医生，细研考查其犯罪原因，报告于审判官，使案件易于解决，但此种考查所得，不得宣布。

　　E　幼年犯罪，以不逮捕为宜，逮捕状必于不得已时出之。

　　F　拘留场所，当与成年犯罪人隔绝，审判时间，亦应与成年犯罪人分离。

二　异质儿之处置

幼儿及精神病者，于刑事上皆无责任，自不待言，若夫性质迥异乎寻常。趋向尤近于危险，纵之则有碍社会，惩之又不顺人情，是否应建特别监以居之？此问题与人类学关系綦切，但人类学之研究，还未能有完密之系统，讨论结果，认为采访未周，不敢遽断，仅决议如下述：

1. 万国监狱会议，对于此问题，不敢遽断，希望私人或国家，从速调查，调查应以各学者所定"异质幼童之心理分类法"为基础，而注意下开各事：

  A 在异质幼童监中之人，其精神有危险之倾向者，其人数及比例率若何？

  B 在迁善所或裁判所之幼童，有精神病者之人数，及比例率若何？

2. 下列二端，须由此种监所之管理人，发表意见，以备研究。

此种幼童，仍可留于所在之监所否？

有何特别待遇法，及其成效若何？

三　浮荡儿之减除

城市幼童，最易流于浮浪，浮浪者是致贫之媒介，为犯罪之初步，儿童犯此，危险尤甚，当用何法以减除他不事生产之习惯？其决议如下：

1. 父母失教，应使负其子犯罪之责任，失养应强其扶养，如父母有恶习，或家庭教育不良，应责付其子，隶于公共机关，俾习一艺。

2. 公共教育机关，或私人对于儿童所学工艺，宜与儿童之利益需要相合，徒手工业，应尽力推广。

3. 多辟公园及有益之游戏场、休息场，并附设运动场所，使幼童得养成他强健活泼之精神。

4. 多开讲演会,以日用寻常之事,发挥家庭教育,使为父母者,对于儿童流于游惰邪僻,知所防止之方法。

5. 报纸教士,对于"养正莫如戒惰",亦须竭力鼓吹,指道社会。

四 私生子之保护

私生子亦天壤间人,只以父母之无行,而累及其子,谋所以恤人,不特为慈善事业,抑亦减少犯罪之一种优良办法,其决议如下:

1. 法律、道德及社会习惯,各方面均注意于私生子之保护,而勿加以轻蔑。

2. 法律上应明定私生子之地位,虽一时社会情状,不能与正当婚姻所生之子,一律看待,惟看护、赡养、继承各事,必渐期其平等。

3. 哺乳期满后,责付其父或其母之时候,应视"此幼儿之私益及其将来为国民之需要"为断。

4. 私生子判归其父或其母之时候,有不能看护其子者,亦当供给款项,为赡养及教育之用费。

5. 男女私通,多由愚昧,社会上应以演说或文字晓其利害,并使男女有精神上之平等权,俾无知识者各知自重。

6. 男女私通,受孕后,其未生者有往往堕胎,其既生亦往往将私生子致死或抛弃,不幸丑行暴于社会,又每每流落为娼,各医院及其他公所中,如有此种幼女,往请调治或援助者,宜由保护幼童会,或其他慈善团体派员,照下列各端,帮同办理:

  A 告以生子前后应行准备之事项,不使有堕胎致死之行为。

  B 调查其父,使负赡养责任。

C 为该幼女及其私生子之保护人，遇有困难，须妥为指导。

第九节 伦敦会议

欧洲大战发生，各种国际会合，因而概行停顿，监狱会议，亦在其例。迨大战告终，和约成立，各国始有复活一八七二年所组织在伦敦召集之万国监狱会议之议，故又在英京伦敦开第九届会议。我国特派专员何鸿基参加，会期自一九二五年八月四日至同月十日止。其议案非仅关于监狱技术之研究，且深入于刑法与刑事政策之议论，如少年与成年之裁判所应加区别，刑之执行犹豫，或假出狱者之应由警察监督，异常成年精神障害而认定对于社会有危险倾向者之收容于非刑事场所及少年犯之委托处分，其议案殊足宝贵，兹将其议题与决议，列举如次：

第一部 立法

第一问题 对于诉追机关，关于起诉上便宜主义之原则可否承认？

如肯定此种原则，其权能应否加以一定之限制舆监督？对于裁判所，是否可许其即在犯罪事实已经证明时，有不为处刑宣告之权能？

决议 鉴于刑法进化之一般倾向，如犯罪不诉追，而无害于公益时，则便宜主义原则之应用，得推奖之。

关于警察犯，尤其是少年犯罪，便宜主义之原则，可以适用，便宜主义原则之实行,应付犯罪者于Control,即监视之意;但各国之司法,组织不同,须在国际会议上决定Control方法是不可能,然Control可由司法官宪行之,亦可用国民诉追之方法行之。

第二问题 对于犯不重大之罪,或不构成危险公安之罪者,应由何种方法,以替代自由刑?

决议 关于用其他之刑罚,代替自由刑之事,于此表明不必付诸等闲之希望,而且对于下列两事项,加以推奖:

一 应扩张执行犹豫(probation)之制度;

二 在可能范围之内,许裁判官以罚金代自由刑之权能,借宏罚金之适用,而且为避用换刑处分之自由刑起见。容易行罚金之纳付方法。

第三问题 不仅重大之犯罪,关于一般之犯罪,对于累犯之处置,而适用不定期刑之原则,是否可能,而且其界限如何?

决议 不定期刑,是刑罚个别化必然之结论,是对于犯罪而行社会防卫之一最有效之方法,各国之法律,应规定不定期刑之最大限度,而且对于此最大限度之性质及适用,亦应加以明定。在一切情况之下,对于附带条件之释放,是有保障和规程之必要,所以应依各国之情形与事实,使其实行为可能之设施。

第四问题 使刑事裁判官,适当应用刑罚个别主义原则,宜用何种方法?

决议 不问何国之刑事诉讼,裁判官于宣告裁判之前,对于被告之性格、操行、生活状况,以及对于被告刑罚正当量上定有必要之其他情事,应洞悉无遗,乃刑事诉讼上一重要之事项,于此:

一 刑法对于裁判官,应使于各种刑罚及其他方法(预防方法及保安方法)之内,得以选用其一,而且此种权限,不可限制得太狭。刑法关于个别主义,是应照一般之规定,指导裁判官。

二　在可能范围之内,裁判所应特别化,尤其关于少年与成年之裁判所,应加区别,而且更使各地之分权(décentralisé)。

三　应以犯罪学之教育,补充法律之教育。大学课程及此等之实习(尤其是心理学、犯罪社会学、医学、司法精神病学及刑罚学)。凡执行刑事裁判官之职务者,均宜必修之。

四　刑事裁判官,应专门永久从事于刑事裁判之事务,而且使有充分升进之希望。

五　为补充裁判官关于犯罪学之知识,应开始特别讲座。裁判官对于监狱及与此同类之设施,是不可不知道,而且应时加访问。

六　裁判官于用刑之前,对于被告身体心理之状态,社会之情事及犯罪之原因,应充分明白。

七　关于此点,在公判前,应为详密之调查,而且此种调查,决不可秘密警察之方法,应由裁判官自身,或有此种权限之机关行之。

八　刑事诉讼法应规定,凡为裁判官者对于被告之人格,社会生活之情形,能供给资料者,应使为证人,到庭陈述。

九　裁判官对于被告身体及心理状态之探知,无适当之方法时,应有使医师及心理学者代为检定之权能。

十　公判应别为二部:在第一部,为有罪性(culpabilité)之辩论及裁判;第二部,则为刑罚之辩论及裁判。

第二部　管理

第一问题　对于特殊之累犯者,采用特别之拘禁制度,以作镇压之方法时,应由何种官宪,宣告拘禁,而且如何执行拘禁?

决议　特别拘禁,应由司法官宪宣告之。

拘禁之目的,虽重在预防;但亦应使带改善之影响。拘禁之设施,应较一般之刑罚为宽。期间应为不定期,司法部长或其他有权限之官宪,得各拘禁所所设之委员会之补助,有许与附带条件之释放之权,司法部长或其他官宪,关于规定一定时期而为附带条件释放之事项,应从事调查。

第二问题　关于囚人之科学研究,监狱内是否需要一种设备?

此种设备,对于犯罪原因之阐明,犯人个别处理之规定,是否有效?

对于精神上有障碍嫌疑之被告,在被起诉于裁判所之前,利用此种机关以事调查,是否适当?

决议　一切囚人,应受有技能的医士之身体及精神之检查。监狱为此种目的,应有适当之设备,此种之 system(体系)。对于犯罪之生物及社会原因之决定,极有效用;而且对于各犯人所定适当之处置,亦有用处。

第三问题　依囚人之性格,宣告刑罚及犯罪之轻重,而各别适用不同之制度,是否适当?而且监狱关于此种制度,应如何组织?

决议　防止犯罪性轻之囚人,而受犯罪性剧之囚人传染,是监狱制度一最重要之原则。囚人应参酌其年龄,性别及精神状态而分类,并且应依各囚人之性质,以及其矫正成分之多少,而行主要之分类。被处短期刑及被处长期刑者,应与以不同之处置及待遇。对于被处长期刑者,应设特别之制度,而且此种制度,当然不能适用于被处短期刑者。

第四问题 成年受刑者之所持金(Pecule)制度,应如何组织?并且拘禁中及拘禁后之利用方法如何?对于正在受裁判执行之少年,其由工资、赏与或其他名义而所得之金钱,应如何监督、管理及使用?

决议 囚人对于工作,本无要求工资之权利;但国家为刺激其工作之热心起见,以给以赏与为宜。此种赏与,如系金钱时,是不可以扣留。原则上囚人不得减少所持金,以充对于第三者债务偿还。但于囚人之家族,罹重病而不能受无代价之医疗,或陷于赤贫时,则属例外。所持金之不可扣性,是不适用于入监时所持金额,与刑期中受自外部之金额。

所持金对于囚人妻子之必要,而为适当合理支给之后,希望充作受刑者,对于国家及被害者债务偿还之用。囚人即受释放后,亦不应有自由处分所持金之权,应将所持金信托于受托者,使作善良之使用。少年须俟其已达成年,始可给与一定之金额,对于彼等浪费之注意,应较对于成年者更为严重。

第三部 预防

第一问题 对于刑之执行犹豫或假出狱者,国家、团体或个人之最有效监督方法如何?

决议 对于附条件之处罚者,及附条件之释放者,应由警察监督之。此种监督,亦得由受国家补助或监督之私设团体,以及官立或半官立之组织团体行之。官立或半官立之组织团体者,虽受国家之报酬,直接隶属于裁判所;但不属于警察之人员也。对于一切受附条件之处罚者及附条件之释放者,可行强制之监督。至对于刑已执行期满,即受确定之释放者,以任意监督为正当。关于被释放者,从处罚之国家而赴其他国家,希望诸国之中央机关,为国际之协约。

第二问题　国家间对于所谓国际之犯罪斗争,如何方法为有效?

决议　对于所谓国际之犯罪斗争,如照下述方法,为最有效:即诸国允许彼等之司法官宪及警察官宪之间,为直接之交通,借使关于犯罪之诉追方法,得以敏速,关于危险犯人之知识,得以交换。所以各国应指定中央之警察官宪,使与他国同样官宪,为直接而且最容易之交通。

第三问题　对于绘画,尤其是映画之不良影响,可以刺激一般,尤其是少年之犯罪,或不道德之行为者,有何种最良之方法以预防之?

决议

A　各国应设立以保护少年为目的之有力检查所,而且应以特别之方法,及对于影戏馆之监督,使检查之决定,得以确实执行。

检查映画,不应单以紊乱风俗与否之点为限,其一切事项,对于少年德性,有恶影响者,均应监督之。而且对于少年,最好使演特别之影戏,对于摄制有益少年与一般公众之影片者,国家应与以补助。

影片之问题,是有国际之利害关系,所以对此,应规定国际之协约。各国对于在本国禁演之影片,应努力防遏其出口。

B　关于影片以外之制作物,各国应促进一九二三年七月,关于不道德出版物之国际协约之实行。

第四问题　对于有危险倾向之成年精神障害者(精神未熟者,精神薄弱者)应采何种方法？对于同种类之少年,适用何种方法？

决议　对于有危险之异常成年者,希望由司法官宪,收容于非刑事之设备,或殖民地处所。异常者在此种设备或殖民地,可受适当之处置及待遇,然后受附条件之释放。附条件之释放,应由有权限之官宪行之,同时官宪又应受由专家所组成之委员会之补助。同种类之少年,也应受同样之处置与待遇,但处置之结果,如属不良时,其收容之场所应另择之。

附条件之释放,释放后之保护,及被释放者之监督,是有绝对之必要。再据社会之观察,关于精神病之卫生及预防之事业,应设法发展之,而且应讲求于适当之时期,发见异常者及精神薄弱者之方法。

第五问题　收容已被诉追,及受感化处分之少年于适当家庭,应在何种情况,何种规定之下行之？

决议　裁判上受诉追而认为有犯罪之少年,如其双亲不能完全其道德之教育,应委托于其他适当之家族,此种委托,应以社会之改善为目标,如付少年于此种制度,对于少年之身体、心理、道德,应先为完全之检查。检查之结果,在认为既不应送交治疗机关,又不应移交感化设备时,始宜为委托处分。

关于被委托家族之选择,以由公设之设备,或公认之私人协会之介绍及监督为适当。再对于委托之契约,应载明该家族之权利与义务。该家族对于少年,应完全施行道德及职业之教育。同时家属对于此种费用而受赔偿,是正当之权利。俟少年能劳动时,家族应给以正当之工资,家族与介绍之协会,均应服从公家之监督。

开设特别讲演及讲座,关于被起诉之少年教育,而教示必要之原理,是有益之事。于是对于出席此种讲演或讲座,而举良好效果之人,关于少年之委托,而认为有优先权,亦是有益之事。

备考:关于最后一点,尚有动议提出,当即决议,家族委托,不仅被起诉之少年,即关于道义被遗弃之少年,亦适用之。

第十节　勃拉克会议①

自一八七二年,美国政府发起万国监狱会议,开第一届会议于英之伦敦,一八七八年,开第二届会议于瑞之斯特克孚尔姆,一八八五年开第三届于意之罗马,一八九〇年开第四届会议于俄之圣彼得堡,一八九五年开第五届会议于法之巴黎,一九〇〇年开第六届会议于比之伯鲁塞尔,一九〇五年开第七届会议于匈之伯达拍斯特,一九一〇年开第八届会议于美之华盛顿,旋以大战中止,迄至一九二五年后开第九届会议于英伦敦。此次会议时,议决一九三〇年在捷克之勃拉克开第十届会议。前九届均名万国监狱会议(Congrès Pénitentiáire International),第十届始扩大名称之范围,更名为国际刑法及监狱会议(Congrès pénal et Pénitentiaire International),简称为国际刑罚会议,我国派刘克俊代表出席,兹将其开会情形及讨论事项,列举如下:

----

① 此次改称国际刑罚会议。

一 开会情形

本年八月二十五日在勃拉克开会,以议会为会场,与会者除四十余国政府所派之代表外,有各国大学教授讲师,监狱官吏及专门家共六百人,以捷克刑法教授米利慈克(Miricka)为会长。所讨论之问题,已于一年前由国际刑罚协会公布,各国刑事学专家就该问题加以研究,作成论文,送交大会者有九十九件。先由国际刑罚协会交付专家研究,作成报告书,各组讨论标准,因所讨论之问题,分为立法、行政、预防及幼年人四项,即分为四组讨论,各组讨论定后,再付大会公决,开会一星期。上午开各组会议,下午开大会,所有问题,除第一项第三题讨论无结果,留待下届会议再行讨论外,均已解决,至八月三十日闭会,同时议决第十一届会议将于一九三五年在柏林举行。

二 讨论的问题及其决议

第一项 立法

问题一

甲 保安处分,采用者日多,究以何者为最适当,且应如何分类,如何整理?

乙 缓刑是否适用于保安处分?

决议

甲 保安处分足以补充刑罚制度之所不及,而保障社会之安全,对于犯人能改善者,改善之,不能改善者,隔绝之,使不至为害社会，司法者按其情形选择用之而已。

以下所列保安处分，足以采用：

子　限制自由处分

一　危害社会之精神病及有危险性之变态行为人之拘禁，应注意于治疗，及其释放后生活之适应。

二　酗酒及嗜毒物者之拘禁，应以治疗为目的。

三　乞丐及无赖者的拘禁，应以使其惯于工作为目的。

四　惯行犯之拘禁，应以隔绝为目的，但仍应注意于改善，前款犯人，应以特别处所安置之。

丑　非限制自由处分

保护监视，为保安处分中最有效力者。

善良行为保证，故禁止其引起犯行之营业或职业，或禁止其入酒馆，均能得实在的效果，必要时得与保护监视并行之。

寅　有经济性质之处分

前两目以外，尚有以没收危害于公共安全之物品，或排除其危害性为目的者。外国人之驱逐出境，有妨国际排除此项犯罪之合作，实非一完善之方法。

乙　对于安全处分，以不适用缓刑之制度为原则，如必适用时，亦应与保护监视并行之。

问题二

刑法中主要原则是否有统一之必要，如须统一，其范围及其方法如何？

决议

一　刑法上主要原则如能统一，则各国共同防止犯罪之工作易于实行，而刑法学亦得因此有统一之基础。

二　各国刑法中有与历史俱来者,行之既久,深入人心,其势力甚大,统一之范围,应以不妨害此种势力为限。

三　法理家及实验家应致力于国际交际,使刑法大部分之观念逐渐融洽,如此努力,将来有良好之结果,且各国欲联合实行防止某种犯罪,亦恃乎刑法中根本问题有一致的解决,并应随时留意在研究一种犯罪行为范围以外而与此犯罪关系之问题共同解决。

问题三

各种自由刑是否应废除之,而代以一种统一之刑罚？

如代以一种统一之刑罚,其执行应如何,是否应采农业式之监狱,或不采农业式而仍采禁锢式之监狱,或采折衷式之监狱,或依犯人之轻重,或依犯人之性质,而各别其监狱？

决议

本问题因情形复杂,讨论未完,留待下届会议时再行讨论。

第二项　行政

问题一

受刑人应使其改善及恢复其社会上地位之观念,已为世人所公认,但对于刑罚之执行,应如何规定于现行法中,以下列方法,是否能达此目的？

甲　执行刑罚之时候,利用私人之合作。

乙　对于工作予以适当之选择,及予以工资。

丙　予以不妨碍于刑罚之性质,而有感化性之娱乐。

决议

为保障社会计,刑罚之执行,应以现在所用之一切教育方法感化及改善受刑人为主旨,且应利用犯罪生理上的检验,及按他所受

感化影响程度之分级安置,以发展受刑人之能力,及培养他之道德与智力,欲达此目的。应用以下方法:

甲　执行刑罚时利用私人之合作,惟须择其性质良善者。

乙　予以适合其能力之工作,按其劳力,给与工资,其工资之一部分,可以供被受刑人扶养之用。

丙　予以智力及体力休养之机会,但应与该地习惯相适合,此种方法,以后更宜注意。

问题二

监狱中之管理及监督人员,应如何训练?

为取得关于监狱事务之干练人才起见,应如何限制监狱人员之资格及应予以何种利益。

决议

所有执行刑罚之人员,应特别训练,其高级人员,应有科学之知识。

训练高级监狱人员及看守人员,必须有特种学校及学科,监狱学及犯罪学之研究所,各国宜从速设立,以便研究,现在人员,亦应加以训练,所有训练,应注重社会教育。

关于执行刑罚之普通候补人员,应证明其有关于实验方面足以胜任之资格,高级候补人员,则更应以考试及实际工作,证明其关于执行刑罚之一切问题,能为科学研究之资格,一切候选人员之任用,必须经过试用期间,以便证明他除必要之实际及理论之知识以外,是否具备良好之本质,慈爱之性情,对于他人之认识,及处置精神病及其他变态人之机警。

所有监狱人员,应依其劳力予以能保持其经济上安全的是俸给,即非官吏,亦宜应予以与官吏相当之保障。

女员之训练,应注意女犯之特别情形,女监必须用女员,即宗教事务,亦宜以女子为之。

以上各项,适用于幼年监。

问题三

最新监狱制度杂居制以外,在何种范围以内,及用何种方法,可适用分房制?

决议

一　分房制应视为阶级制度中组织之一部,夜间以行分房制为原则。

二　对于嫌疑人,原则上宜用分房制。

三　受短期自由刑之人,日间之分房监禁,有利亦有弊,可以适当之医学方法,及犯人之分类制度,用其利而免其弊。

四　受长期自由刑之人,日间用杂居制,但不工作及不加监督者,绝对不予以杂居,杂居者之监督,不必如分别监禁者之严厉。

第三项　预防

问题一

司法上及社会上常有了解某人生平之要求,可是与复权之观念,及受刑人出狱后易于生存之主张相矛盾,应如何调剂之?

决议

一　应努力完成一种制度,以出狱仅为改良受刑人之一部,而假释者之工作,为继续其监狱中之作业。

二　按其情形,适用以下之方法:

甲　利用舆论,及注意改良出狱者之言论。

乙　能改善者应与不能改善者有别,例如保护监视团体关于救济出狱者之试验方法,仅可施之于能改善者。

丙　出狱者之工作,应按其犯罪之性质及其社会上之地位。各别选择之。

三　复权宜以法律定之。

问题二

关于缓刑及假释之法律适用以后之效果如何?

缓刑及假释之制度,应如何改良,使其增加效力?

欲知受刑人确知如能遵行法定条件,即可于最短期间假释起见,应采用何种制度?

关于缓刑者及假释者之保护监视,国际间应如何组织?

决议

一　缓刑及假释,仅可施之于适宜于此种制度之受刑人,所以施行之时候,应注意受刑人之个性,及其对于社会之危险,分别处理之。

二　审判官或其他为假释之官署,在缓刑又假释以前,应搜集保护监视团体或官署,关于受刑人天然上、经济上、精神上及道德上之情形详细报告,为缓刑及假释时之参考。

三　假释及缓刑以后,须有保护监视。

四　未有完全国家监视保护制度之国,应予私人团体以相当之补助金,使得雇用人员,为保护监视,惟对于此种团体之工作,国家应设员监督之。

五　对于前款人员之教育,应有系统之组织,此事由国家所与津贴,行保护监视之团体负责,或由国家自任之。

六　如能遵行法定条件,即可于法定最短期间假释之情形,不宜使受刑人知道,但在法定最短期间内,假释之问题,将由与当事人无关之机关审查之情形,应使其知之。

七　所有一国之保护监视团体,应联合为一,而与他国为国际团体之组织,此国际团体应有关于保护缓刑者,及假释者赴他国之规定,以后应本此旨,缔结国际条约。

问题三

关于犯罪变迁之考察,及其原因之研究,国际间是否有合作之可能？如其可能条件如何？

决议

国际间宜组织一委员会,对于犯罪变迁之原因,加以讨论,以统一之方法,作科学之研究,此项委员会之委员,由国际刑罚协会任命之,即直接隶属国际刑罚协会,每国至少须有一人为代表。

附言

在同一条件之下,可组织一委员会,以研求关于犯罪者科学研究之统一方法。

第四项　幼年人

问题一

幼年人法院应如何组织？

幼年人法院之辅助事务应如何设施？

决议

关于幼年人犯罪之审判,无论为普通法院或其他官署,应付之于有认识幼年人之能力,而且有保护幼年人之观念者。

幼年人法院,宜于独任制,以特别为幼年人审判者充之,陪审则应以医师、教育家,及从事于社会救济事业者充之,审判官或陪审,可尽量以女子为之。

法院予幼年人处分以前，应详细考察该幼年人之过去生活、社会环境，及其性质，考察之时候，应尽量延聘心理学及教育学专门家，及使用社会救济之一切设备。

幼年人法院之辅助事务，应付于有特别技能及愿终身从事于此者。

自愿为此事者，尽可许其加入，惟指导及监督，应归之以社会事业为职责者。

辅助事务，包括预防、监督、诉讼前、诉讼中及判决后而言。

为便于幼年人医学上，及生理上、心理上之检查起见，应组织供法院使用之特别检察机关。

为法院对于幼年所定处分便于执行起见，亦应组织特别机关，予法院以监督执行，及改正停止或中止处分之权。

问题二

普通法院，是否有安置幼年犯（即刑法上已负责任而民法上尚未成年者），于一特别处所之权？

如安置于特别处所，其处置方法，是否完全取感化性质，或取惩罚性质？

决议

如对于儿童（例如未满十四岁），一切审判官署应为犯罪前之保护，而对于第一级之幼年人（十四岁以上者未满十八岁）之一切诉讼，亦应设特别法庭，则普通法院，对于超过第一级年龄之幼年人（十八岁以上未满二十五岁者），亦可安置于一特别处所感化之。

前项特别处所，不宜以监狱名之。

问题三

未成年人受法院判决而执行时，其由工作所得之金钱或特别报酬,或以其他名义所得者,应如何规定其管理方法及其用途?

诉讼费用是否可以此项收入弥补?

决议

受法院判决而执行之幼年人,应为立一账目,而其收入及支出记载之。

如果某团体或私人不愿帮其立账目之时候,就撤销其管理或监督幼年人之权,幼年人存款之管理,属国家、或属团体、或属私人,以幼年人信仰者为宜。

存款之用途,应以法律规定之,得用于购制衣服日常零用。

诉讼费用及其生活费,应由其家属负担,但认为其家属无负担之义务,故其家属无力负担者,不在此限。

第十一节　柏林会议

第十一届国际刑罚会议,依照上届会议之决定,在柏林举行,于一九三五年八月十八日迄二十四日,计会议七日。此届会议,分立法、行政、预防、少年四部分,每部分分配议题三个。兹将其议题及决议要旨列后。

第一　立法

议题一　刑事裁判官,对于刑之执行,应有如何权限?

决议要旨:(1)关于行刑,为达社会防卫之目的,以由推事,检察官,或推检所主持之委员会参与重要事项之决定为适当。(2)关于受缓刑宣告人之观察,宜定适当之组织,扩张推事或检察官之权限。(3)希望设专门之刑事裁判官,而因刺激推检对于犯罪学及行刑论之兴味,希望畀予视察一切监狱之权限,且定于一定时期,在监狱内,极力从事研究之制度。

议题二 为图所谓刑事诉讼简单化,应采用如何方法?

决议要旨:于诉讼结果无关系事实之起诉,务省略之。关于提出证据之采否,务认为属于裁判官之权限;律师应限制为二人;裁判官应有权限制检察官与律师辩论之时间;及中间裁判,应与终局裁判同时为之是已。

议题三 因刑法修正而减轻之刑,对于已发生执行之判决,有无影响?关于刑之执行法规之变更,对于变更前确定或开始执行之刑,应有如何影响?

决议要旨:关于第一点,新法值兹场合,亦应有影响及于已发生执行力之判决,其应有影响者,新法上,应明定之,例如以其他自由刑代死刑或无期徒刑时,以一年以下之刑代五年以上之刑时,又新法法定刑之最上限,较已宣告之刑还低之时,若新法未规定之名誉刑并刑之加重者,则不应科之,关于暂行法律,以上各点,不适用之,上述刑之缓和化,应由受刑人或检察官之请求,依据特别程序而为之。关于第二点,新法无论为重为轻,概许溯及。

第二 行政

议题一 在教育犯罪人并改善犯罪人之目的下,行刑所适用之方法(执行踏实人道化,处遇扩大宽恕化,累进制上强制之显著缓和化)。可发生所豫期之结果否?又如此趋向,其基础之见解,果妥当否？

本决议题因与会者意见纷歧，对此未成立任何决议。

议题二　当兹危机期工业及农业的失业，于监狱作业，有如何影响？其可避免由此发生有害结果之方法如何？关于受刑人生活之标准。应否参酌一般民众生活标准而决定？

决议要旨：际兹危机，农工之失业，其有影响于监狱作业者，固无可疑，然监狱作业，乃自由刑之基础，而受刑人无工作者，于其性格，于其情操，皆将发生不良之影响，以故受刑人，不可不给与充分之劳动，因是，（1）应依据法规保护监狱作业，特别属于国家需要之一部，应使受刑人而为供给。例如在所谓利用陈旧材料之场合或监狱制品，为行政官厅所需要之场合，可以见之。（2）关于土木事业，扩大受刑人的用途，特别在关于农业或开垦的工作方面，可以得见在此场合，一般民众之劳动力，亦非斟酌不可。（3）手工作业，须极力使之机械工业化，但须考查企业之性质，于制品之性质无不良之影响，且不要忘其为受刑人之职业教育。（4）当不得已之场合，须缩小分配于每人的作业之时间，更以分配之于大多数之受刑人。惟受刑人之工业的作业，须极力使其种类多样化，借以避免因竞争所发生之不利益，又由来于失业之困难，在不能避免之场合，非使之从事于其他肉体的、精神的工作不可。例如，增加学校授业的时间，或给与读书的变化，或使要求散步时间，或使从事游戏消遣等是，关于决定受刑人之生活状态，对于一般民众之生活状态，不可不参酌之。又此项生活状态，虽须极力朴素，但一切亦须于保持健康与适合所从事的工作的状况下而酌定之也。

议题三　自由刑之执行，与剥夺自由的保安处分之执行，应如何区别？累进制度，关于保安处分，亦应考虑否？

决议要旨：（1）刑与保安处分之决定的最后的差异，在于两者之基础观念。（2）此种基础原理之差异，因限于不危及保安处分之目的的适用上之差别而明了。（3）因此保安处分，应在与监狱不同的特别设施之下而执行之。（4）受保安处分之执行者之处遇，与受性质严重的自由刑者之处遇，务须明白区别。（5）其他关于衣服、赏与，读书之选择及分量等，应设立区别，但被付保安处分者，亦非一样，故关于保安处分执行之细目，不能概括的规定，次之在今日以前所得之经验，累进制，对于保安处分，是否妥当，尚未能臻于明白。

第三　豫防

议题一　近代刑事组织于如何之场合，又依如何之规定，可采用去势，输精管切断或喇叭管切断之断种制度？

决议要旨：（1）法律上须用明文区别断种与去势，以其在性质上，在种类上，又在作用上，均相异而非相同故也。（2）去势对于犯罪的性的异状有治疗的及豫防的良好结果，宜使各国变更其法律或补充其法律，以成功施行此项手术，此项手术，应因受手术者之请求或经受其手术者之承诺而为之。（3）关于因健康上或优生上之理由，经受其手术者之承诺而为断种手术之场合，亦同。（4）强制去势应以为与现行法上所认之保安处分，系属同样，因优生理由的强制断种，应推奖为豫防方法，以在非正常人之间，有多数犯罪人，假令断种，则非正常人由之减少，即属间接豫防犯罪。（5）关于因健康上或优生上的理由之断种或因累犯的性的犯罪人之去势，所设立之保安处分，是乃适当之制，但施行手术，非认其应有正当无误的适当之保障不可。（6）

对于犯罪人的断种与对于一般人为健康上或优生上的理由之断种,在原理上,其间无所区别。(7)各国法律去势断种,非以十分之注意且依一定之手续,而为施行,完全保障不可,其手续须由医师及法律家所组织之委员会从事审查之。

议题二　刑事法上,对于犯关联于自己业务之罪者,认裁判官有禁止其业务之权能,是否适当？其禁止之种类如何？其确保禁止效果之方法又如何？

决议要旨：(1)宜认法院有为业务禁止之权能。(2)关于业务禁止之条件,凡犯罪基于业务或营业之滥用与显然违反业务或营业所命之义务之场合,其禁止,系因豫防对于社会的危险,而有必要。(3)此项禁止之效果,不得为自己或他人,为此项业务或营业,及自己不得为此项业务,或营业或使从属于自己者为此项业务或营业。(4)业务禁止,应有期间,不得超过五年。(5)论之法律业务禁止,属保安处分。(6)为使业务禁止之执行有效,应以其违反为犯罪,于兹论科惩役禁锢、罚金,其他警察对于禁止之遵守与否,应监视之。

议题三　对于出狱人,能希望为其创设其家宅否？如肯定之,其组织,其应收容出狱人之种类及其可从事之作业如何？其在各国之状况如何？

决议要旨：对于出狱人之扶助,于其人之社会更生,有其必要,而为此项扶助,应为设置作业,对于出狱人,先须尽力使力得普通劳动之地位,如不能时,对于出狱人尤其对于有改善可能且欲劳动之出狱人,应讲求收容之于劳动所或创设的家宅之方法,特别之场合,尤其适当的合宿舍创设的家宅,其数不充分时或依出狱人之形态,收容之于其创设的家宅,对于原已收容者不甚适当时,则希望创设小的特别的家宅,尚有言者,对于出狱人,置之于特别之家宅,以实验之者,在原理上无论从何方观察,均不应反对。

第四　少年

议题一

少年法院,不仅对于已经不良化之少年,即对于有不良化的危险之少年,亦可得宣告处分,是否适当？少年法院,又对于不能完成自己责务之两亲,可否为剥夺新权之宣告？

决议要旨：少年法院,应赋予此等权限,当有社会豫防的特别组织,其活动,应与法院保持紧密协力之关系,其他,少年法院,对于亲权之失权,与监护人之解任,亦应有权为之。

议题二

对于少年拘留的程序上之要求,与对于由拘留发生的危险所需要对少年道德上之保护,其间调和之方法如何？

决议要旨：(1)对少年的拘留,在豫审上无有必要者,须避免之,限于无重大不便之少年,应置之于两亲或监护人之左右。(2)若在有拘禁之必要时,应收容之于为犯罪少年或被遗弃的少年之监护与教育特别设置之公的或私的所在。(3)以上所在,须有供审查少年身体的精神的及社会的状况之必要的设备与器具及职员。(4)已收容于此项所在时,须使少年视之为家庭、为学校、为工场。(5)其在无此种设施地方,须将少年移送于有此项设施之地方,并须制定法规。(6)既无适当设施,而又不能移送于他方之场合,始可想到拘禁,在此项场合,须规定特别区划,区别为成年人及少年犯罪人,且须想到为救济免其独居之缺点,特别给与适当之工作。

议题三

依于法院之处分,所收容于学校及其他设施之少年或准少年,当出所后,如何始可得给与最善之精神的及物质的保护?又此项保护,应由何人并应如何始能实现?

决议要旨:(1)保护应由公私协力而为之,于处分实行中。必要业已准备之。(2)在可能之场合,设施所在之职员,应当保护之任,否则,非有特别公私之设施不可。(3)有设考查期间之必要,或置被收容者于半自由之状态,或在缓归之条件下而予以开释,及依其他事情而为此二者,是乃适当,考查期无论何时,得使之终了。(4)保护员,非监督者,乃扶助者,自然应进为扶助之行动,特别非亲自明白被保护者之生活及劳动的状态不可,且应有足为暂时扶助之资金。(5)应尽量利用社会的一般组织。

新旧译名对照表[①]

	新译名	旧译名	页
A			
Auburn	奥本,奥伯恩	奥本　奥蓬	26;27
Alsac	阿尔萨克	阿尔若斯	33
Angouleme	安吉莱姆	汪各雷满	33
Andhan	安德	安内堂	48
Alfredo Rocco	阿尔弗里达·罗克	洛高	175
B			
Beccaria	贝卡利亚	培卡利阿	1
Bolcheves	博尔奇福斯	布耳什服	43
Brunderburg	布鲁德伯格	白兰地堡	46
Bruxelles	布鲁塞尔	不鲁日	

---

① 本表谨为参考。因有的原书外文有误，难以核查对应译名，故仅译出字头，请读者留意。

			伯鲁塞尔	48;232;264
Bermingham	伯明翰		伯明罕	152
Brenton	布伦顿		勃兰顿	152
Brockway	布罗克韦		勃洛克凡	154
Bolchiwes	博尔基		布耳什服	155

C

Crofton	克罗夫顿	克劳甫顿	99
Chiswick	奇兹威克	牵斯卫克	152
Concorde	孔科尔德	康可达	155

D

Dartmoor	达特	打马	29
Dijon	第戎	地容	33
Ducpetiaux	迪克玻蒂奥	狄克百西阿	48
Delienneux	德利耶纳	特乃溜才	52
Duesselthal	迪塞尔	达消奥	152
Demetz	德姆塞茨	提弥剌	153

E

Elmira	埃尔米拉	爱米拉	154

F

Ferri	菲利	斐利	2
Forest	福里斯特	福锐	51

281

Fuengers	芬格斯	泛其撒耳	53
Francke	弗兰克	佛兰克	152

G

Grenoble	格雷诺布尔	雷挐勃	33
Gand	冈	刚城	48
Gonne	戈纳	哥纳	49
Gopenhagen	哥本哈根	哥平哈根	54

H

Henry Cheron	亨利·谢龙	亨利·薛龙	31
Hueffer	许弗	海夫脱	53
Horsens	霍尔	花而森斯	54
Horn	霍恩	荒恩	153

J

John Howard	约翰·霍华德	约翰·哈华尔德 约翰·哈华特	1；239
Jutila	尤特拉	极脱来地	54
Johannes Falk	约翰尼斯·福尔克 约罕内斯		152

L

Lombroso	龙布罗梭		2

Cesare Lombroso	切萨雷·龙布罗梭		
		龙波洛梭	
		龙伯罗梭	2;240
Lorraine	洛兰	劳伦	33
Louvain	卢万	路文	48
Legrand	勒格朗	雷格让	50

M

Mott Osborne	莫特·奥斯本	奥斯蓬	27
Matter	马特	马德	32
Merxplas	默克斯	麦撒白尔斯	51
Masarik	马萨日克	马萨利克	55
Mettray	梅特拉	梅特莱	
		梅脱拉	153
Massachusetts	马萨诸塞	马沙诸塞	154
Miricka	米利克	米利慈克	265

N

Noncy	农	囊西	33
Nyborg	尼堡	泥保	54

S

Sing Sing Prison	辛辛监狱	新新监狱	27
Seine	塞内	圣纳	35

Sikherhedsforvaring			
	希克	雪构海佛领	54
Sherborn	舍	希旁	154
Smith	史密斯	史密斯	160

P

Pennsylvania	宾夕法尼亚	编斯非尼亚	
		本雪尔文尼亚	25;183
Philadelphia	费城 费拉德尔菲亚		
		非拉特尔菲亚	25
Plass	普拉斯	柏辣师	27;162
Phalsbourg	法尔斯堡	法尔斯堡	33

R

Rouen	鲁昂	河往	33
Regie	雷吉	雷其	55
Randall	兰德尔	兰达儿	153
Ralston	罗尔斯顿	劳司顿	164

T

Thouart	图阿尔	度阿	33
Thuringia	蒂林	酸林其亚	46

U

Urban	厄本	欧本	27；162

V

Virvolde	维尔	非尔福德	48
Vridselille	弗里	梵立特拔厘	54
Victor Hugo	维克托·雨果	嚣俄	149

W

Wiekerm	维克	卫寇	153

Y

Yenikin	耶尼	让根	49

Z

Zwenegorod	兹温格罗	温尼哥罗	43
	尤斯丁尼安	犹斯嫡尼安	18
	爱尔兰	哀尔兰	239
	布达佩斯	伯达拍斯	246
	俄亥俄	我海我	140
	伊利诺伊	义利诺	140
	斯德哥尔摩	斯特克孚尔姆	243

285

本书引用及参考材料

书　名	出版处所暨著者姓名	出版年份（民国）
The Crofton Prison System	By Mory Carpenter	
An Outline of the Japanese Judiciary and the Administration of Prisons in Japan	三宅正太郎著	一九三〇年
The Prison System of Modern Russia	原文见 Jerome Davis 主编之 The New-Russia 1933. 第三章系美国犯罪学家 John L. Gillin 所作	
《监狱学》	河北第一监狱王元增著	十三年四月
《监狱学》	广东司法研究馆廖维勋编	未详
《监狱学总论》	司法行政部狱务研究所廖维勋著	二十二年
《监狱学制辑览》	江苏第二监狱田荆华著	二十三年一月
《监狱学》	会文堂新记书局赵琛著	二十四年四月
《最新刑事政策》	会文堂新记书局郭卫著	
《监狱制度论》	商务印书馆芮佳瑞著	二十三年四月
《寄簃遗著历代狱制考》	沈家本著[①]	

---

① 见《历代刑法考》上卷，商务印书馆 2011 年。

书名	出版/作者	日期
《唐律疏议》	商务印书馆长孙无忌著	二十二年六月
《九朝律考》	商务印书馆程树德著①	二十三年一月
《考察日本》《司法报告》	司法院石志泉洪文澜编	二十四年四月
《中华法学杂志》	首都卫巷中华法学杂志社	十九年
《狱务大全》	商务印书馆孙雄编	二十四年九月再版
《法学杂志》	上海东吴法学杂志社郁去非译	二十四年
《法学丛刊》	首都丰富路律师协会法学丛刊社许鹏飞译	
《教育杂志》	商务印书馆	二十四年十二月
《中华监狱杂志》	首都江苏一监中华监狱杂志社苏克友译	
《上海大陆报》		十九年十月九日
《日本监狱法》	佐藤信安著	
《犯罪学》	商务印书馆 Cesare Lombroso 著	
《犯罪学》	会文堂新记书局李剑华著	
《犯罪心理学》	日人寺田精一著	
《刑事政策与免囚保护》	日人长尾景德著	
《免囚保护事业》	日人谷田三朗著	
《感化教育》	商务印书馆陆人骥著	二十三年二月
《劳作教育》	商务印书馆日人小西重直著	二十四年四月
《残废教育》	商务印书馆华林一著	二十三年八月
《世界刑法保安处分比较学》	商务印书馆翁腾环著	二十四年十一月

---

① 见《九朝律考》,商务印书馆 2010 年。

孙雄先生学术年表*

1895年（光绪二十一年）
　　生于湖南省平江县
1901年（光绪二十七年）
　　时年6岁，就读湖南省平江县初高两等小学堂
1907年（光绪三十三年）
　　就读湖南省振鄂中学（初中、高中）
1911年（宣统三年）
　　考入湖南省公立法律学校监狱专修科
1913年
　　时年19岁，就任湖南省长沙监狱看守一职。两年后升任作业科主任。
1916年
　　代理长沙监狱典狱长

---

* 本学术年表由郭明编制。参考资料如下：司法部《犯罪与改造研究》2002年第3期徐家俊所撰：《监狱学家孙雄其人》；郭明著：《中国监狱学史纲》，中国方正出版社，2005年8月版；【荷】冯客（Frank Dikotter）著：《近代中国的犯罪、惩罚与监狱》，江苏人民出版社，2008年2月版；湖南平江网（hnpjw.com 平江藉科教文卫系列人物）；孙雄：《狱务大全》、《监狱学》序言等。

1917 年

调任宁远县看守所主管

1918 年

返任长沙监狱任看守长暨作业主任。期间,撰成《长沙监狱改良调查报告》。

1922 年

经江苏第二监狱分监长杨宣猷(湖南长沙人)推荐,前往位于上海城厢蓬莱路江苏第二监狱分监任职,先后任主任看守、二科科长、候补看守长等职。

1925 年

奉江苏高等检察厅令,调任位于南通的江苏第四监狱,先后任看守长、一科科长。次年晋升江苏第四监狱典狱长,撰成《江苏第四监狱工作报告》(1933 年 5 月内部印行成册,196 页)。年底,调任江苏第一监狱(即南京老虎桥监狱)看守长、科长。1927 年调任江苏青浦县看守所所长。期间,撰成《改良江苏省监狱意见书》。

1933 年

自四月调任位于上海北浙江路上的江苏第二监狱女子分监分监长。同年 7 月,又调任上海第二特区监狱典狱长,兼任上海第二特区地方法院看守所所长。期间,制订《上海第二特区监狱看守和主任看守任用标准》、《职员补助俸津办法》、《看守训练上课规则》、《在监人行状考核办法》等管理规章,撰成《江苏上海第二特区监狱三年来工作报告》(1937 年内部印行成册,186 页)。自 1933 年至 1939 年,先后兼职上海震旦大学、东吴大学法学院、持志大学和上海法政学院等校教授,讲授犯罪学、监狱学等课程。

1935 年

时年 40 岁,出版《狱务大全》,上海商务印书馆,1935 年 9 月初版。正文 999 页,附图表 24 页,全书共 7 编。

1936 年

时年 41 岁,出版《监狱学》,上海商务印书馆,1936 年 12 月初版,1938 年再版。正文 286 页,插入若干图表,全书共 6 编。

1939 年

时年 44 岁,出版《犯罪学研究》,昆明中华书局,1939 年 8 月初版,274 页,插入若干图表,全书共 5 编。《变态行为》,上海世界书局,1939 年 9 月初版,182 页。

1939 年

时年 44 周岁,因患心脏病和肾炎于 12 月 14 日中午在金神父路由义坊(今瑞金二路 434 弄)寓所病逝。身前曾撰自传性作品《一个自觉的狱中人》一文。

孙雄的监狱学贡献

郭 明

一 概述

孙雄,字拥谋,湖南省平江县人,生于1895年7月,卒于1939年12月,享年44周岁。孙雄早年曾就读于湖南公立法律学校监狱学二年制专科。1913年9月毕业后在湖南省看守所和长沙监狱工作,1916年代理长沙监狱典狱长。1922年经同乡推荐,辗转江苏各监狱任职。从主任看守到典狱长,就其经历而言,孙雄自诩是一个地道的狱界中人,曾撰文《一个自觉的狱中人》。由于长期服务狱界,又勤于思索,他不仅在监狱实务方面积累了丰富的经验,由他编撰的监狱实务用书《狱务大全》,在民国监狱界影响广泛,初版之后数次增订再版。孙雄在从事监狱实务管理的同时,还不断研习中外监狱学理论,对监狱学的知识体系有了较为全面和深入的了解。由于他在监狱学方面的独特经历和造诣,1933年之后被上海震旦大学、东吴大学法学院、持志大学和上海法政学院等大学相继聘为兼职教授,主讲监狱学课程。1936年他在课程讲义的基础上,精心修订并由上海商务印书馆出版了在民国监狱界和刑法界均有良好学术声誉的《监狱学》。除了以监狱学研究为志业,他还拓展犯罪学等相关研究领域,于1939年出版了《犯罪学研究》和《变态行为》等研究成果。

一般认为,孙雄的早期代表作为《狱务大全》。该书初稿内部刊印于1920年6月。此后,在不断总结行刑经验并积累相关资料的过程中几经增补和修订,最终由上海商务印书馆于1935年9月精装初版,正文厚达999页,附图表24页。全书共分7编:1. 法令提要;2. 法规;3. 命令;4. 公文;5. 指纹概述;6. 教诲词说;7. 簿册用纸。书后附各有关新监一览表。《狱务大全》虽是一部实务指导用书,但作为第一部总结了现代中国监狱改良实践的实务类工具全书,对规范和指导当时的新式监狱行刑、管理和建设发挥了积极而重要的作用。不过,从学术贡献的角度看,奠定孙雄监狱学历史地位的作品,首推其以一人之力编著的教科书《监狱学》。如前所述,孙雄的这部《监狱学》是应邀为法科学生讲授监狱学课程而专门编著的。孙雄在该书"编辑大意"中颇为自谦,他说"编者服务狱界虽历年所,而予监狱学理素鲜门径。"由于准备讲课苦无蓝本,"乃赴各肆购办监狱学书,以资借镜,不意多无以应,而应者则又陈旧,不甚适时用,只得搜罗中外各种法学书籍杂志——关于监狱问题者,参以刑事新理,并本昔日在校听讲及办事经验所得编辑是书"。从孙雄上述著述动机和方法,并结合其成书内容可知,孙雄谦虚地将自己的《监狱学》教科书定性为"编著",令人肃然起敬。因为,在"编"和"著"的关系上,民国时期的不少"监狱学"作品,从其内容和体系的继承创新或借鉴转化看尚不如孙雄氏者,却在封面上标明为"著"。相比之下,孙雄在其作品封面上写明"编著"实在是一种值得肯定的著述态度。这样说不是为了苛求前人,而是为了指出,在西学东渐的学术大背景之下,"编著"其实是清末民国时期监狱学研究与写作的一种典型的著述现象。诚然,孙雄的《监狱学》虽为"编著",但与同一时期的同类作品相比,他对各编内容的相互关系及其体系编排进行了更加自觉的学术思虑。比如,他从学术分工的角度出发,有意舍弃了当时一般"监狱学"教材通常予以编入的"犯罪与刑罚"内容,其给出的理由是"鄙意关于刑罚问题,已有专门研究之刑法学,犯罪问题,自龙波洛梭(lombroso,今通译龙勃罗梭)、斐利(Ferri,今通译菲利)等以后,犯罪学早成为专门科学,且各法学院均列为必修科目,故本书从缺,以免重叠"。又如,与同一时期赵琛所著《监狱学》相比,他将赵琛《监狱学》中列为第三章内容的"万国监狱会议"资料,单独成编,移作最后部分。以笔者拙见,这一处理甚为合理,因为这一篇幅不小的内容主要具有资料参考价值,作为"附录"亦无妨,但被赵琛生硬地置于第三章"监狱学史"之中,使其《监狱学》的整体知识结构明显失衡①。此外,得益于监狱职业的亲身经历及其长期思考,孙雄在其《监狱学》中熔炼了更多的狱务经验和一手资料,即便在参考各种相关监狱学理论著作资料时,也较多地关注了国内学者的著作或书刊。这显示了孙雄《监狱学》在参酌西学的基础上,曾努力寻求知识本土化的良苦用心。

孙雄生逢动荡而艰难的乱世年代,他的一生虽然短暂,却勤勉自励,在应对频繁的岗位调任和承担繁重狱务管理的同时,坚持不懈地从事监狱学的研究及兼职教学工作。就监狱理论与实务并兼的学养而言,孙雄是继王元增之后最为杰出的民国监狱学者之一。

---

① 详见拙著:《中国监狱学史纲》第四章第二节赵琛的监狱学研究,中国方正出版社2005年8月版,第132—140页。

二 分述

如前所述,孙雄的监狱学术贡献,主要见之于两项代表性成果。其一是监狱实务代表作《狱务大全》,其二是监狱理论代表作《监狱学》。兹以他的体系性的监狱理论代表作《监狱学》为据,撮要述析其学术观点如下:

1. 关于监狱学的学科性质

关于监狱学科的性质,历来是监狱学科建设无法绕过的基本认识问题。监狱学是一门什么性质的学科?孙雄认为,"监狱学者,所以研究执行自由刑机关之原理原则,与夫组织、目的、运用方法之一种科学也"。从这一定义里,可以看到孙雄赞成将监狱学视为一种科学。这种"科学"的主要内容涉及行刑的组织原理、行刑的目的和方法等。由于孙雄认识到监狱社会的复杂性,他说,"社会上形形色色,一切事情莫不与之有密切关系"。为此,他转引德国学者荷耳庭德尔夫所言"监狱之为科学,在诸科学中,其关系范围最为繁杂,且甚广漠,欲如各种科学,设一定之系统,立一定之标准,其困难无如斯学者。"在孙雄眼里,由于监狱学具有对象和内容的复杂构成,它并非一种单纯科学而是复杂科学。这一观点已被不少当下的监狱学者辗转引用。他甚至认为"监狱学一科,为研究社会、政治、经济、法律者最关切要之学"。虽然,他的这种"最关切要"的看法未必会赢得相关社会科学界的广泛赞同,但是,就他强调监狱学对于研究社会、政治、经济、法律的重要意义而言,应是可信之论。事实上,孙雄对于监狱学与各种科学关系的认识,是同辈学者中涉及范围最广的一个。他认为监狱学广泛依赖于各种科学。他在书中列举了与监狱学有关系的学科是"历史学、地理学、社会学、心理学、政治学、犯罪学、刑事技术学、建筑学、农工商学、刑罚学、刑事政策学"等。此外,他还认为"法律学、教育学、行政学、伦理学、经济学、哲学等与监狱学亦有相当关系"。因此,他赞同将监狱学称为"集合学"。在孙雄所提及的相关学科中,有的学科在今天虽已不再列为监狱学的相关学科,如"地理学"或者"哲学"等,但孙氏对这些远距离的学科与监狱学的知识联系似乎有着自己的独特理解。总之,孙氏将监狱学与各种社会科学加以比较,从而认识其"集合"的学科属性,与今日中国的监狱学者们将"监狱学"视为"一种综合的社会科学"的主流观点不谋而合。

2. 关于监狱的行刑地位

监狱是刑事司法制度的基本组成部分,对此并无异议。但在整个刑事司法制度中,监狱究竟具有何等重要的地位及其作用,却是一个颇有争议的问题。虽然,从现代诉讼结构上看,监狱的法定地位很明确,即它是后于刑事审判的一项刑事执行制度。所谓司法的核心要件就是审判与执行。但自古以来,相对于法院地位的彰显和审判职能的明确,监狱地位的隐蔽和行刑职能的变异,造成认识上刑事司法几等于刑事审判。可以说,在近代以前,认为司法的核心即为审判已经成为"通识"。只是到了近代刑事制度改革,尤其是监狱被法律界定为是一个"自由刑"执行机构之后,有关监狱行刑的法律地位、司法作用以及囚权保护等问题才受到广泛关注。一些近代刑法改革的先驱者认识到刑罚执行是刑事司法不可或缺的重要组成部分,甚至是实质的部分。其中,颇具代表性的看法认为,就刑罚的最终实现而言,行刑甚至是比审判更重要的活动。例如,德国法学家荷耳庭德尔夫曾说,"刑法裁判不过形式耳,必由行刑始见实质的活动。"荷兰的刑法学家樊登特克也认为"但欲改良刑法,非先改良监狱不可,狱制不良,虽刑法改良亦将无所适用"。对此,孙雄极表赞同,他在《监狱学》中引用国外刑法学名家的上述言论,意在将行刑和审判相提并论。在比较刑事立法、刑事审判和刑事执行三者关系时,由于受到古典刑事改革和新派刑事实证主义思想的影响,他不仅认为三者应"联络发展",实现一体化,而且认为刑事执行在三者中最为重要。他批评道:"昔日法学家不审本末,往往偏重立法司法,而于最关重要之监狱,反漠然置之"。他甚至认为"苟监狱完善,即令立法司法稍有不善,尚有补救之所。"这种关于监狱地位及其作用应优于刑事司法其它部门与环节的观点,在清末民国监狱改良人士中获得了相当程度的共鸣与同情。尽管,它难免"矫枉过正"之嫌,但却有唤起国家、学界或传媒重视监狱存在的积极意义,将有助于重新认识监狱的地位,匡正对于监狱的偏见,促进监狱制度的改良。

3. 关于监狱的刑罚功能

伴随监狱文明的演化,监狱的刑罚功能日趋复杂。监狱究竟具有哪些基本功能?孙雄在论述此一问题时,以"近世监狱的意义"为标题,将监狱的刑罚功能分为9个方面:1. 限制自由;2. 隔离社会;3. 化除恶性;4. 鼓励自新;5. 增进健康;6. 授予职业;7. 增加生产;8. 启发爱国心;9. 善后保障。这些不同功能构成监狱制度的功能系统,保证监狱行刑目的的实现,从而形成其所谓近世监狱的意义、作用或效果。在孙雄举述的这些功能中,除了第1项的"限制自由"和第2项的"隔离社会"功能外,其余7项功能皆为"改善主义"或"预防主义"的设想,主要承袭了西方近代改良监狱的新派预防刑思想,也体现了中国传统的儒家伦理精神。在孙雄的时代,"改善主义"或"预防主义"是改良旧式监狱赖以借力的主要刑罚思想资源。不过,需要注意,孙雄所处20世纪30年代的中国虽在经历急剧的社会结构变迁,且从表面上看去,民主和科学的思想也在广泛传播,但中国文化思想的核心处仍停留在道德理性时代,刑罚文化虽受到外来思潮的深刻影响,但其继受的特点似可以认为主要是一种观念的广泛认同,尚缺乏学理的深刻反思。比如,孙雄虽然举述了监狱的9项刑罚功能,但对于各项功能的内涵同异、理论依据以及相互关系等,并未提供必要的比较和辨析。当然,这不唯是孙雄的"瑕不掩瑜",而是民国一代的监狱学术经历由粗放至精细的过程所难以避免的症候。

4. 关于监狱的感化教育

从近代监狱改良的历史来看,监狱"感化教育"的兴起是新派教育刑确立的标志,也是新派教育刑的基本实践内容。西方监狱学的东方化,或者中国现代监狱学自日本国的移植而入,虽然受感化或改善主义主张的强烈影响,但无论是小河滋次郎,还是王元增的著作,在内容编排的顺序上,仍将"感化教育"列为监狱知识体系的较后位置——我想指出,这样处理并非是随意的,因为他们的改良主义更注重刑事执行的本体问题。例如,监狱构造、行刑制度、监狱管理等,而感化教育则是监狱在行刑文明上所应用的一种内容和方法。在他们的观念里,教育刑并未动摇古典刑事主义的基本地位。换言之,他们明了刑罚和教育的相互关系,并力求协调两者的主次关系,使不至本末倒置。但是,在孙雄的《监狱学》里,"感化教育"的论述地位有了明显的调整。孙雄将"感化教育"列为仅次于第二编的"行刑制度"之后。在第三编里,他将"感化教育"作了完整的介绍,内容涉及概论(第一章)、感化教育史(第二章)、感化教育之实施制度及处遇规程(第三章)、感化教育之各国最近立法(第四章)等。对此内容编排,孙雄自有其理论主张。孙雄认为广义的感化教育不仅是针对监狱关押的对象。除了成年犯罪者,它还包括:1. 不良或有堕落及犯罪危险之幼年人;2. 幼年犯罪者;3. 娼妓;4. 游民流氓;5. 政治思想谬误者。在上述6种对象中,孙雄的监狱感化教育主要针对幼年犯罪者。更确切地说,是指关押于感化院与少年监的对象。孙雄特意说明针对这些对象的感化教育并非刑罚活动,他说"绝无刑罚之意义"。但是,孙雄知道"感化院与少年监"属于广义的监狱范畴,如果说感化教育是非刑罚的活动,等于主张应当存在非刑罚的监狱机构?监狱系统中可以或应当存在专事感化教育的非刑罚机构,这从监狱的本质看来无疑是自相矛盾的。因此,孙雄指出,近代刑事思潮自教育刑以来,趋势一新,而感化主义尚焉。正是感化主义的确立,使得"举凡行刑机关无论其为成年监与少年监或感化院,其管理、训练、教养、卫生,一切设施均建筑于此种主义之基础上。"孙雄似乎想说监狱由于被感化教育主导,它已不再是单纯的行刑机关了。如果真是这样,那么,孙雄的行刑观其实反映新派教育刑的一种前卫观点,即认为"感化教育"是监狱行刑的目的和本质。依照这样的认识,监狱改良的理想目标就应当最终使监狱由一个"惩罚机构"变成"教育机构"。可以说,这样一种充满理想主义精神的监狱行刑观在中国亦非空穴来风。比如,在中国的"监狱改良之父"沈家本的监狱改良思想中就有关于监狱性质和行刑目的的上述立论。他在《监狱访问录序》中说"监狱者,感化人而非苦人、辱人者也。"可见,孙雄与沈家本的观点一脉相承。尽管,在我看来,此等判断并非对于监狱性质和行刑本体的"事实判断",而恰在于它是一种"价值判断"或曰是"一种阳性的精神力量",这是刑事人道精神的集中表达,因而,对于改良监狱具有指导作用。

以上撮要述析的只是孙雄《监狱学》的若干重要学术思想与观点。在书中,还有许多可供参考之处,无法一一论列。例如,作者对中外监狱的沿革、近代监狱改良的缘起和现状的介绍,较同辈学者更加详实,对监狱的构造原则、种类、主要结构和附属结构,对监狱建筑形态与行刑制度的关系等的介绍也更为细致等。

总之,孙雄的《监狱学》自成体系地整理和归纳了中外监狱的理论与实践,代表了民国时期三十年代监狱研究的最高成就之一。他和赵琛、芮佳瑞、李剑华、廖维勋、康焕东等人的监狱学著述,共同构成了自清末以来由沈家本、小河滋次郎、王元增等人栽种的中国现代监狱学术之树的"新年轮"。从孙雄等人的监狱学术及其实践,人们不难看到民国时期的监狱学者们,为了应对西方监狱文明的挑战并收回旁落的治外法权,如何承续前清监狱学前辈的精神,孜孜于致力创办新式监狱事业。还不难看到,民国监狱学和当时的其他社会科学一样,竟不乏优秀学人从文化的更深层次自觉寻求中西语境中学术"返本开新"的道路。尽管,他们力求转化西方监狱理论与知识使为我所用,同样面临了终而无法超越被西学话语支配的著述现实。然而,悲欣交集之余,令人慰藉的却是在他们留下的诸多心血之作中蕴含了可资今日我辈借鉴的宝贵精神遗产及其启示。值此百年来中国社会转型和文化重构之再开新史之际,作为后人,我辈将如何善待先辈遗产,并继承其未竟事业呢?

辛卯年清明前夕于杭州

编 后 记

孙雄编著的《监狱学》,现纳入《中华现代学术名著丛书》出版。依据底本为1936年上海商务印书馆版,全书分六编二十一章,涉猎内容宽泛、丰富,可谓是了解民国时期监狱学发展的代表性著作之一。

全书就篇章而言,不仅包括近代监狱学的基本原理与制度、国际监狱大会讨论议题,还包括民国时期的监狱立法,各地设立监狱及狱政管理概况,此外,还独立一编简述监狱构造的建筑规程、建造标准等纯粹技术性规范,而此内容,当代中国的监狱学并未涉猎。

就整体构思而言,非常宏观。监狱置于整个社会机体不可缺少之一部分,监狱的任务重在教育,然后使犯人回归社会。在此基础上,孙雄的监狱学思想,将教育犯人与建造合适的监狱纳入一个系统之中,没有偏重其一,意欲共举完善。其监狱学思想充满对犯人的人文关怀,注重心理导诱、劳动解放、教育与教诲结合。总之,全书以教育刑思想贯穿始终。特别值得提出的是,本书把对犯人的教育放在社会教育中特殊教育环节层面考查,教育理念中允,无"对立"、"坏人"等先入为主的"站队",读来具有一种坦率与真诚面对犯人的宽容。从这个意义上说,尽管本书反映民国时期监狱学发展状况,然而今天读来依然具有新意,尚有研究吸收、借鉴之

编后记

处。就法科学生而言，尤其是刑法、刑事诉讼法专业学生而言，可作为基础性教学参考书。

就微观而言，本书如何置教育犯人于一个特殊教育体系中？围绕这一中心分章论述。从住、管、教、劳，回归社会的准备等内容论起，涉及监狱内部制度：比如分监制度、阶级制度、假释制度、自治制度；外部硬件设备：如监狱如何构造、技术标准如何确定，建造物及配件坚固、方便犯人和管教等方面。给犯人一个社会人的法律地位，他们不过暂时被限制人身自由而已，这种适当的犯人地位定在，有利于犯人接受教育，有利于他们将来顺利回归社会。

用今天的眼光反观本书，一定程度上具有普通的指导意义，如对犯人以教诲或教育为主，辅之以心理疏导、劳动手段，逐步培养犯人的自信心、感恩心，激发其悔改图新，虽然，多少带有理想主义的构思，与当时监狱的实际情况有距离。不过，凡著述，其本身就是理性应然的智力活动，超越现实也属正常，不便就此苛责前人。

所以，无论就本书立论的宽广视角，教育刑思想，人文关怀理念，还是对监狱建造规程、监狱预算统筹考量，都不失为一部研究监狱学比较全面的著作，在当时并不落后于西方监狱学。书中还附有十余张图表，注重统计分析，实证研究的态度令人耳目一新。简言之，对孙雄编著的《监狱学》，不可按今人枉以"编著"之名断然否认、减低其应有的价值。

本书简化字新版编辑过程中，斟酌加工如下：

其一，由于本书出版于民国时期，原本编辑体例尚存遗漏，本次再版时补充了目录的缺项，特别还增加了图表目录。

其二，为方便今天读者阅读，对文中一些重要人物，酌加了生卒年代，如沈家本、西奥多·罗斯福；个别名人增加了生平介绍，如:石志泉、芮佳瑞、洪文澜、贝寿同。

其三,原书采用旧历纪年,现将旧历年代统用括号注明西历。

其四,文中涉及外文译名多与今差异较大,恐阅读不知所云,谨编制译名对照表。

最后,我们特聘监狱学专家郭明教授撰写孙雄先生学术年表及导读,以飨读者。